Rendez-vous à Jérusalem

L'histoire captivante d'une institutrice
osant se laisser conduire
par le Saint-Esprit...

Par Lydia Prince
racontée à son mari
Derek Prince

ISBN 978-1-78263-138-5

Originally published in English under the title "Appointment in Jerusalem".

French translation published by permission of Derek Prince Ministries International USA, P.O. Box 19501, Charlotte, North Carolina 28219-9501, USA.

Traduit par Elise Grolleau.

Sauf autre indication, les citations bibliques de cette publication sont tirées de la traduction Louis Segond "Nouvelle Edition".

Publié par Derek Prince Ministries France, année 2000.
Dépôt légal: 2e trimestre 2000.
Deuxième impression 1e trimestre 2008.
Couverture faite par Damien Baslé, tél./fax 04 75 59 77 44.

Imprimé en France

Pour tout renseignement:
DEREK PRINCE MINISTRIES FRANCE
0Route d'Oupia, B.P.31, 34210 Olonzac FRANCE
tél. (33) 04 68 91 38 72 fax (33) 04 68 91 38 63
E-mail info@derekprince.fr * www.derekprince.fr

BUREAUX DE DEREK PRINCE MINISTRIES

Derek Prince Ministries International/USA
P.O. Box 19501
Charlotte, NC 28219-9501 Etats-Unis
tél. (1)-704-357-3556
fax (1)-704-357-3502

Derek Prince Ministries Angleterre
P.O. Box 77
Harpenden
Hertfordshire AL5 1PJ Angleterre
tél. (44)-1582-466200
fax (44)-1582-766777

Derek Prince Ministries Afrique du Sud
P.O. Box 33367
Glenstantia 0010 Pretoria
Afrique du Sud
tél. (27)-12-348-9537
fax (27)-12-348-9538

Derek Prince Ministries Australie
1st floor, 134 Pendle Way
Pendle Hill
New South Wales 2145
Australie
tél. (61)-2-9688-4488
fax (61)-2-9688-4848

Derek Prince Ministries Allemagne
Schwarzauer Str. 56
D-83308 Trostberg
Allemagne
tél. (49)-8621-64146
fax (49)-8621-64147

Derek Prince Ministries (IBL) – Suisse
Alpenblickstr. 8
CH-8934 Knonau
Suisse
Tél: (41) 44 768 25 06
Email: dpm-ch@ibl-dpm.net

Derek Prince Ministries Canada
P.O. Box 8354
Halifax N.S. Canada B3K 5M1
tél. (1)-902 443-9577
fax (1)-902 443-9577

Derek Prince Ministries
Pays-Bas/EE/CIS
P.O. Box 349
1960 AH Heemskerk
Pays-Bas
tél. (31)-251 255044
fax (31)-251 247798

Derek Prince Ministries
Pacific du Sud
224 Cashel Street
P.O. Box 2029
Christchurch 8000
Nouvelle Zélande
tél. (64)-3-366-4443
fax (64)-3-366-1569

Derek Prince Publ. Pte Ltd
Derek Prince Ministries
10 Jalan Besar
#14-00 (Unit 03) Sim Lim Tower
Singapore 208787
République de Singapour
tél. (65)-392-1812
fax (65)-392-1823

DPM – NORVEGE
PB 129 – Loddefjord
5881 Bergen
NORVEGE
Tél: 47-5593-4322
Fax: 47-5593-4322
E-mail: Sverre@derekprince.no

Du même auteur:

**"Ils chasseront les démons"
Ce livre de Derek Prince de 288 pages, qu'il a écrit en 1997, constitue un manuel solide et biblique traitant le sujet délicat de la délivrance d'une façon modérée, réaliste et équilibrée.

**"Alors viendra la fin... "
Derek Prince vous montrera comment aborder le sujet de la prophétie dans la Bible. Il est très important pour les enfants de Dieu de savoir comment les reconnaître.

**"Qui est le Saint-Esprit?"
Une étude sur la Personne la moins comprise de la Bible: le Saint-Esprit.

**"Le remède de Dieu contre le rejet"
Peut-être que le rejet est-il la cause de la douleur la plus profonde, formant l'une des blessures les plus sensibles et vulnérables de l'homme. C'est une expérience courante de nos jours, et de nombreuses personnes en souffrent. Dieu a-t-il pourvu à une solution? Ce livre vous le montrera.

**"La croix: incontournable!
l'Eglise offre actuellement un tel choix de thèmes de réflexion si intéressants, que nous risquons de perdre la vision de la croix. Dans ce livre, Derek Prince nous présente à nouveau ce qui est au cœur de l'Evangile, la croix de Jésus-Christ, et nous montre comment elle s'applique dans la vie de tous les jours.

**"Les actions de grâces, la louange et l'adoration"
Une étude profonde sur ce qu'un être humain peut connaître de plus élevé: adorer et louer son Dieu

**"Votre langue a-t-elle besoin de guérison?"
Tôt ou tard, chaque chrétien est confronté au besoin impératif de contrôler sa langue, mais il n'y parvient pas. Derek Prince apporte au lecteur l'enseignement biblique et les étapes pratiques nécessaires pour discipliner la langue.

**"Le mariage: une alliance"
*En traitant l'une des choses pouvant être la plus profonde et la plus précieuse de la vie, Derek Prince explique ce que le mariage est avant tout aux yeux de Dieu: **une alliance**. Tout comme la Nouvelle Alliance de Jésus était impossible sans sa mort, de même l'alliance du mariage est impensable si les conjoints ne renoncent pas à leur propre vie, l'un par rapport à l'autre.*

**"Le flacon de médicament de Dieu"
Nous avalons si facilement le médicament que nous offre la pharmacie, souvent sans d'abord prendre celui que Dieu nous a donné: SA PAROLE!

**"Dieu est un faiseur de mariages"
Comment se préparer au mariage? Quel est le plan de Dieu pour le mariage? Qu'est-ce que la Bible dit sur le divorce? Est-ce que la Bible permet de se remarier? Dans quelles conditions? Vous trouverez des réponses claires et bibliques à ces questions si pressantes, à partir d'une expérience personnelle et de plus de cinquante ans de ministère.

**"Le plan de Dieu pour votre argent"
Dieu a un plan pour tous les aspects de votre vie, y compris celui de vos fiances. Dans ce livre, Derek Prince révèle comment gérer votre argent pour que vous puissiez vivre sous la bénédiction de Dieu et dans l'abondance qu'il a voulues et entendues pour vous.

Et autres (mars 2009 88 titres disponibles).
Ecrivez à notre adresse pour recevoir gratuitement un catalogue de tous les livres et de toutes les cassettes de Derek Prince, des lettres d'enseignement gratuites (France et DOM/TOM uniquement) et pour être tenu au courant de toutes les nouvelles éditions, et toute autre nouvelle de:

DEREK PRINCE MINISTRIES FRANCE
Route d'Oupia, B.P. 31, 34210 Olonzac FRANCE
tél. (33) 04 68 91 38 72 fax (33) 04 68 91 38 63
E-mail info@derekprince.fr   *   www.derekprince.fr

A Jérusalem,
la ville du grand Roi,
avec amour

TABLE DE MATIERES

Préface	Page	9
1 Tikva	Page	13
2 Soren	Page	19
3 La rencontre	Page	33
4 L'ensevelissement	Page	47
5 Le message du docteur Karlsson	Page	65
6 Le voyage	Page	91
7 Jérusalem	Page	109
8 Ma place	Page	125
9 La première tâche	Page	137
10 Mahaneh Yehuda	Page	151
11 La capitulation	Page	171
12 Le siège	Page	183
13 Sentinelle sur les remparts	Page	197
Epilogue, drame en trois actes	Page	203

Préface

Voici le récit de trois années de la vie de l'une des femmes les plus remarquables, Lydia, qui se trouve être aussi ma première épouse, années qui l'ont fait passer d'une vie de confort matériel et de réussite professionnelle à une vie de danger et de pauvreté, où elle a été coupée de son environnement familier et de tous ceux qui lui étaient chers. Enseignante au sommet de sa carrière, elle a quitté son Danemark natal – pays tiré à quatre épingles où règne la loi – pour aller, seule et sans le sou, dans un endroit primitif et rempli de violence. Cet endroit, c'était Jérusalem, et l'époque en question, celle des combats qui ont marqué le début de la longue lutte entre Juifs et Arabes, lutte qui se poursuit aujourd'hui encore.

Là-bas, Lydia a subi les affres de la faim et de la soif, a été exposée au danger des combats de rue et du siège des quartiers juifs; mais c'est dans cet endroit qu'elle a découvert ce que nous cherchons tous et que nous sommes si peu à trouver, c'est-à-dire la joie, la paix, la sécurité parfaite, quelles que soient les circonstances extérieures de nos vies.

S'aventurant dans le monde spirituel avec une génération d'avance, Lydia est devenue une pionnière du mouvement charismatique, lequel a été, depuis, reconnu par beaucoup comme le facteur porteur d'espérance par excellence dans le monde d'aujourd'hui. Face aux pressions et aux tensions qui montent, et qui maintenant nous lancent à tous un défi, son histoire nous indique des réponses qui résisteront à l'épreuve du vingtième siècle.

Je sais que cela a été mon cas. Lydia et moi, nous nous sommes rencontrés et mariés à Jérusalem vers la fin de la Seconde Guerre mondiale. Ayant fait mes études au collège d'Eton et à l'université de Cambridge, j'ai à l'époque, occupé un poste d'assistant universitaire au King's College à Cambridge pendant six ans. Mais une étape totalement nouvelle de mon éducation a commencé le jour où j'ai gravi l'escalier extérieur d'une maison de pierre grise et fait la connaissance de la Danoise aux yeux bleus que toute une maisonnée d'enfants juifs et arabes appelaient "maman".

Dans cette maison, j'ai rencontré le Saint-Esprit non pas comme une personne de la doctrine théologique appelée "trinité", mais comme une réalité vivante, puissante, quotidienne. J'ai observé Lydia mettant le couvert alors qu'il n'y avait rien à servir dans les assiettes, sachant que le temps qu'on se mette à table Dieu aurait pourvu. Je l'ai vue menacer fièvre et maladie des enfants, et la maladie céder.

Mais, par-dessus tout, j'ai vu comment l'Esprit la nourrissait, la guidait, la soutenait à tout moment chaque jour par la lecture de la Bible. J'avais étudié les Ecritures dans leurs langues d'origines, analysé leur contexte historique, médité sur leur exégèse; Lydia les laissait parler à son cœur. Elle m'a dit un jour: "Je lis l'Evangile de Jean comme une lettre d'amour."

En trente ans de mariage, j'ai appris par Lydia qu'une prière qui jaillit de ce genre d'intimité avec la Bible n'est pas quelque chose de subjectif, mais une force dans le monde – la plus puissante qui soit. Il y a quelque temps, notre fille Johanne faisait remarquer à son fils Jonathan que Lydia priait au sujet de quelque chose. "Bon! Si mamy prie pour ça, a commenté Jonathan, je pense que la question est réglée."

Pour moi, le plus fascinant dans tout cela c'est que, pendant les trente-cinq premières années de sa vie, Lydia, d'après elle et selon tous ceux qui l'ont connue, était la dernière personne sur terre à qui cette sorte de chose ait pu arriver, elle qui était une jeune femme intellectuelle, un peu snob, fortunée, qui affectionnait les vêtements à la dernière mode, la danse et tous les plaisirs du monde cultivé – son milieu d'origine – et qui n'avait lu la Bible que lorsque c'était nécessaire, à l'occasion d'un cours pendant ses études d'enseignante.

La façon dont cette agnostique du vingtième siècle a découvert la réalité de Dieu est si pleine d'enseignement pour nous tous, si riche en aide pratique pour toute personne engagée dans cette quête aujourd'hui, que depuis le début j'ai encouragé Lydia à relater ses expériences. Mais elle a toujours été trop absorbée par la vie pour les écrire. J'ai peu à peu réalisé que si son histoire devait être racontée, c'était à moi de m'y mettre. J'étais désormais suffisamment familiarisé avec tous les lieux et quasiment tous les gens qui ont participé à ces événements. Je pouvais donc faire revivre tant les scènes que les personnes à partir de ma connaissance de première main.

Voici l'histoire de Lydia. J'ai tenté, autant qu'un homme peut le faire, d'entrer dans ses pensées et ses émotions pour dépeindre les événements comme elle les a vécus à l'époque, avec ses mots à elle, sans chercher à dissimuler les combats et les faiblesses, mais en laissant la femme elle-même s'exprimer.

Cependant, il y a un autre personnage dans ce livre, qui est en un sens le vrai héros. Il s'agit de la ville de Jérusalem. Dans les chapitres à venir, Lydia dépeint Jérusalem comme elle l'a découverte dans la décennie qui a suivi quatre cents ans de domination turque, c'est-à-dire un endroit très différent de la ville maintenant familière aux touristes. Puis, dans l'épilogue, je prends la parole en tentant de soulever le voile de l'avenir et d'esquisser un tableau de ce qui attend Jérusalem... et nous tous. Car la clé de l'histoire du monde se trouve dans cette cité unique. Ce que j'écris peut arriver dans les années soixante-dix, quatre-vingt, quatre-vingt-dix ou deux mille. L'Ecriture ne dit pas quand. Elle nous certifie seulement que tout se déroulera exactement comme la prophétie le prédit. Notre prière est que, au travers de ce livre, nous réussissions à partager avec vous l'urgence que nous ressentons concernant les jours qui viennent pour cette ville, et l'amour qu'elle inspire à tous ceux qui prennent au sérieux l'ordre de Dieu qui est de prier pour la paix de Jérusalem.

Derek Prince

Note de l'auteur.

Au cours de cette autobiographie, il est fait référence à plusieurs unités monétaires qui sont la couronne danoise, la livre anglaise, la livre palestinienne et le dollar américain. La plupart du temps, pour la commodité du lecteur, la valeur des autres monnaies est

donnée approximativement en dollars américains de l'époque.
Par respect pour les personnes, le nom de quelques-unes a été changé.

Note de la traduction.
Toutes les citations bibliques sont tirées de la version Segond, sauf lorsque la traduction du texte anglais permet une meilleure compréhension. Elles sont alors signalées comme suit:
NAS (traduction à partir de la New American Standard Bible)
KJV (traduction à partir de la King James Version).

Chapitre 1

Tikva

Les derniers rougeoiements du soleil couchant se sont évanouis derrière moi, dans le ciel, laissant les rues de Jérusalem sombres et vides. Le silence n'est rompu que par le frottement de mes chaussures sur le pavé. L'air hivernal humide est vif à mes joues. Je resserre instinctivement contre moi le paquet que je transporte.

Enfin, avec un soupir de soulagement, je m'engouffre dans l'escalier de pierre qui mène au sous-sol. Le paquet bien calé dans mon bras gauche, j'extrais la lourde clé métallique de l'une des poches de mon manteau. Elle tourne dans la serrure avec un grincement qui se répercute à travers la cour déserte. Vite, il faut entrer et glisser de nouveau la clé dans la serrure de l'intérieur. Le même grincement m'assure que la porte est bien verrouillée.

Je tâtonne à travers la pièce vers le lit, contre le mur d'en face, pour y déposer mon fardeau. Sur le buffet, près du lit, une de mes mains repère une boîte d'allumettes. J'en craque une pour localiser la lampe à pétrole, puis une deuxième allumette, et la lampe brille.

Elle éclaire une pièce sans luxe, pavée de dalles de pierres nues. Les murs sont aussi en pierre, également nus, à part un calendrier illustré au-dessus du lit. En plus de ce dernier et du buffet, il y a seulement trois meubles qui sont une table et sa chaise contre un mur, et une malle d'osier sous la fenêtre. Celle-ci est garnie de lourdes barres de fer, témoignage muet de la peur qui pousse chaque habitant à transformer sa maison en forteresse.

Je retourne au paquet sur le lit. Dans le châle noir de tissu grossier repose un bébé, une petite fille. Le corps minuscule est à demi vêtu d'une chemise de coton couverte de taches. La peau du visage, tel un parchemin jauni fragile, tendue sur les os des pommettes, brûle au toucher comme du feu. Les cheveux noirs, trempés de sueur, sont collés aux tempes. Du fond des orbites profondes, deux yeux noirs lèvent un instant le regard vers moi, puis se referment.

Je déroule un autre coin du châle et en sors un biberon contenant un peu de lait tiède. Ce faisant, un bout de papier froissé voltige au sol. Doucement, je glisse la tétine dans la bouche du bébé et attends sa réaction. L'effort physique pour boire semble au-dessus de ses forces, mais bientôt il commence à téter lentement. Je ramasse le papier et le défroisse. Trois lignes y sont soigneusement tracées en lettres majuscules:

TIKVA COHEN
NEE A JERUSALEM
4 DECEMBRE 1927

Instinctivement, je jette un coup d'œil au calendrier au-dessus du lit. Nous sommes le vendredi 28 décembre 1928. C'est à peine croyable! Ce bébé a déjà plus d'un an! Si j'avais dû en juger par sa taille et son poids, je ne lui en aurais pas donné la moitié.

Pendant que Tikva continue à téter, mon regard inspecte la pièce. Il me faut la protéger de l'air humide et du froid de la pierre. Avec quoi? Mes yeux s'arrêtent sur la malle en osier sous la fenêtre. Elle fera l'affaire! Il me faut trouver quelque chose pour la garnir. J'ouvre rapidement les tiroirs du buffet et en tire tous les sous-vêtements et autres habits moelleux que je peux trouver. Le fond et les côtés de la malle sont bientôt tapissés pour qu'elle soit aussi douce et engageante que possible. Je laisse le couvercle ouvert contre les barreaux de la fenêtre.

Maintenant, la petite s'est arrêtée de boire et paraît dormir. Je la débarrasse délicatement de sa chemise, puis j'ôte le pull de laine bleue que je porte et l'enroule autour d'elle deux ou trois fois. Comme je l'allonge dans la malle, elle geint quelques instants et redevient vite silencieuse. Son souffle est court; c'est un halètement rapide et superficiel. Des frissons de fièvre parcourent le corps par intermittence.

Où trouver de l'aide? Je revois les rues sombres et vides de Jérusalem, hantées par la méfiance et la peur. Toutes les portes sont verrouillées, toutes les fenêtres barricadées. Il n'y a aucun moyen d'appeler une ambulance ou un médecin. Je suis enfermée dans cette pièce nue, avec un enfant mourant.

Mon regard est attiré par le livre ouvert sous la lampe du buffet. Il s'agit de la Bible. Y aurait-il là un message pour moi, à cet instant précis? Elle est ouverte à l'épître de Jacques. Je commence à parcourir la page et suis retenue par deux versets soulignés en vert:

> "Quelqu'un parmi vous est-il malade? Qu'il appelle les anciens de l'église, et que les anciens prient pour lui, en l'oignant d'huile au nom du Seigneur; la prière de la foi sauvera le malade et le Seigneur le relèvera..."
> (Jacques 5:14-15)

"L'oignant d'huile..." Je me répète ces mots lentement. De l'huile, c'est une chose dont je dispose. Je n'ai pas la fonction d'ancien, c'est sûr. Mais je suis seule, sans aucun autre secours. Il vaut mieux, c'est clair, faire ce que je peux, que de ne rien faire du tout!

J'ouvre le placard mural où je conserve mes quelques denrées alimentaires, en sors une bouteille et la présente à la lumière de la lampe. Le contenu s'éclaire d'un vert doré. C'est de l'huile d'olive pure des collines de Judée, celle-là même qui, tout au long des siècles anciens, a été répandue en une onction sainte sur les rois et les prophètes d'Israël.

Le flacon d'huile dans la main gauche, je m'agenouille sur le sol de pierre devant la malle d'osier. Le bébé a de plus en plus de mal à respirer. L'air autour de nous est devenu étrangement humide. Le froid me fait frissonner. Je suis confrontée à une présence invisible, celle de la mort.

Je m'efforce d'affirmer ma foi en répétant tout haut les paroles que je viens de lire dans la Bible: "La prière de la foi sauvera le malade... le Seigneur le relèvera...!" D'un geste qui tremble légèrement, je verse quelques gouttes d'huile sur les doigts de ma main droite et les passe délicatement sur le front du bébé en murmurant:

"En ton nom, Seigneur Jésus! C'est ta petite sœur, une de ton propre peuple. A cause de ton nom, Seigneur, je te demande de la guérir!"

Après quelques minutes, j'ouvre les yeux. Est-ce mon imagination ou bien les frissons de fièvre sont-ils moins intenses? Je pose l'une de mes mains contre l'une des joues du bébé; celle-ci est brûlante!

Fermant les yeux, je recommence à prier: "Seigneur, c'est toi qui m'as amenée ici. C'est toi qui m'as dit de quitter mon pays et de venir à Jérusalem. Seigneur, que ces gens sachent que dans ton nom se trouve une puissance, que tu entends la prière et y réponds certainement."

Le temps semble arrêté. A genoux devant la malle, tantôt je prie, tantôt je contemple le bébé, guettant le moindre changement de son état. Par moments, sa respiration semble plus facile, mais sa peau continue à brûler de fièvre. De temps en temps, j'observe ses yeux noirs, anormalement enfoncés dans les orbites, me fixer solennellement.

A la longue, mes genoux deviennent raides et froids, à force de rester contre le sol de pierre. Je me lève et arpente la pièce de long en large, toujours priant. Après une ou deux heures, je juge que cela ne mènera à rien de plus de rester debout plus longtemps. Même si je ne peux pas dormir, il serait sage de me protéger de l'humidité de la pièce en allant au lit.

Avant d'éteindre la lampe, je la tiens un instant au-dessus du bébé pour voir s'il y a quelque changement. Pour l'instant, au moins, les frissons ont cessé. La petite semble dormir, mais sa peau est toujours brûlante. Combien de temps ce frêle petit corps pourra-t-il encore résister? Finalement, je souffle la lampe, grimpe dans mon lit et m'enroule dans les couvertures jusqu'au menton.

Etendue là, dans le noir, je commence à repasser dans mon cœur l'étrange série d'événements qui m'ont amenée à Jérusalem. Je revois en pensée la carte du Danemark suspendue au mur de la salle de classe où, il y a six mois encore, j'enseignais la géographie. Comme la tête dentelée d'une flèche de silex, la presqu'île du Jutland s'élance vers le nord dans le Skagerrak. A l'abri du Jutland, à l'est, se nichent les deux îles de Fyn et de Sjaeland, séparées par un étroit bras de mer dénommé Store Baelt. Sur la côte est du Store Baelt, à la pointe sud-ouest de l'île de Sjaeland, se trouve la ville de Korsor. Avec une nostalgie passionnée, les détails affluent à ma mémoire. Quel contraste avec Jérusalem où les rues sont propres, brillamment éclairées, bordées de coquettes maisons de briques aux toits de tuiles rouges, avancées de pignons peints en blanc... J'entends de nouveau les voix aiguës des enfants chantant l'hymne que tout Danois apprend à l'école.

I Danmark er jeg född
Der har jeg hjemme...

Je suis né au Danemark,
c'est là qu'est mon chez-moi...

* * * * * * *

Chapitre 2

Soren

C'était il y a deux ans, en décembre 1926. Les rayons obliques du soleil nordique se reflétaient dans les fenêtres de la salle de classe en un rougeoiement d'un orange intense. Je dis bonne nuit au concierge qui attendait pour fermer la grille de la cour d'école, enfourche ma bicyclette et suis la route familière qui serpente vers le centre de Korsor.

Cinq à six minutes de trajet à vive allure m'amènent à l'ouest de la ville, à quelques centaines de mètres de la rive du Store Baelt. Je gare le vélo dans la cour d'un immeuble de briques rouges et grimpe l'escalier jusqu'à mon appartement, situé au deuxième étage. Valborg, ma servante, se tient dans l'entrée, s'essuyant les mains sur son tablier à carreaux rouges et blancs, prête pour m'accueillir.

"Bonsoir", dit-elle en s'approchant pour m'aider à ôter mon manteau doublé de fourrure.

Dans la salle à manger, mes yeux s'attardent avec satisfaction sur la table dressée pour le repas du soir. Le lustre de cristal répand une lumière douce sur l'argenterie étincelante et la nappe de damas empesée. Pendant que je disparais pour quelques instants dans la chambre à coucher, Valborg allume les chandeliers et dépose à ma place un bol de potage fumant.

Comme je déguste ce dernier, Valborg s'attarde derrière ma chaise. Après avoir passé la plus grande partie de la journée seule dans l'appartement, elle a envie de parler:

"Votre dernière semaine de cours de l'année se termine. Et demain, c'est la soirée dansante des professeurs.

– Cela me rappelle que vous n'aurez pas à me préparer de repas pour demain soir. M. Wulff vient me chercher pour dîner en ville avant la soirée."

L'intérêt de Valborg est manifestement éveillé. Soren Wulff lui plaît – et à moi aussi. Mais... changeons de sujet.

"J'irai à la maison, à Bronderslev, pour Noël. Vous n'aurez pas besoin de faire quoi que ce soit ici dans l'appartement pendant mon absence."

A la fin du repas, j'allume un manille* que Valborg a placé discrètement près de ma tasse de café. Puis, je passe au salon avec mon café, tout en continuant à tirer des bouffées du cigare, m'installe dans un confortable fauteuil situé dans un angle et promène lentement le regard autour de la pièce. Contre le mur d'en face, le piano en noyer poli reflète doucement les tons jaunes et bronze du tapis Wilton. Habillé d'un papier dans les teintes vert olive, le mur donne l'impression d'une tapisserie qui s'assortit à ravir avec les rideaux de brocart doré. Sur ma gauche, la cloison est garnie du plancher au plafond par une bibliothèque. Sur les étagères, des rangées de livres alternent avec des statuettes en porcelaine de Dresde, des vases et des coupes en cristal de Saxe.

Pendant une ou deux minutes, je me plais à savourer le confort et l'élégance de tout cela. Je m'interroge, comme je le fais souvent: "Y a-t-il quelqu'un au monde qui soit plus comblé que moi?" A trente-six ans, j'ai déjà atteint le but que je m'étais assigné en tant que professeur. En plus des diplômes sur les sujets courants comme l'histoire, la géographie, le danois et l'anglais, j'ai été un des premiers professeurs du pays à avoir poursuivi des études scientifiques en économie familiale, mettant l'accent sur les récentes découvertes dans le domaine de la nutrition. En conséquence, j'ai été nommée directrice du département des sciences en économie familiale dans l'une des écoles danoises des plus modernes et les mieux équipées. Mon travail, dans cette branche, sert maintenant de modèle auprès des responsables de l'éducation pour la mise en place de sections similaires dans les autres établissements à travers tout le pays.

Pendant les dix dernières années, j'ai enseigné dans diverses villes du Danemark, mais aucune ne me plaît autant que Korsor, si bien située sur le Store Baelt et d'où il est si facile d'accéder à Copenhague. J'ai un bon salaire et, de surcroît, un héritage

---

* Fin cigare à bouts coupés, estimé, fabriqué aux Philippines

substantiel m'est échu à la mort de mon père, survenue deux ans plus tôt.

Mais, par-dessus tout, il y a Soren Wulff, le professeur qui m'invite à sortir demain soir. Soren et moi sommes devenus de proches amis durant nos études, partageant beaucoup de passions communes telles que la danse, le patinage, Mozart, Kirkegaard. Après nos examens, nous avons enseigné dans des écoles différentes pendant près de dix ans. Maintenant, comme l'a voulu le destin, nous sommes de nouveau ensemble à Korsor. Au cours du dernier trimestre, je me suis peu à peu rendue compte que l'attitude de Soren, à mon égard, prenait un tour plus sérieux. Je suis presque certaine que, demain soir, il va me demander en mariage. Pourquoi suis-je effrayée d'avoir à faire face à cette question?

En raison de sa nature, de sa formation et de sa profession, Soren est d'abord et avant tout un enseignant. Toute sa vie est centrée sur son travail. L'épouser serait épouser sa profession. Puisque je suis aussi professeur, il semble que ce soit l'association idéale. Certainement, si je désire me marier et avoir des enfants, je ne peux pas me permettre d'attendre beaucoup plus longtemps!

Et pourtant... il y a quelque chose de définitif là-dedans qui m'effraie. Pourquoi dois-je avoir à combattre cette réserve intérieure? Y a-t-il quelque chose d'autre qui soit nécessaire pour que nos vies soient pleinement réalisées? Durant toute cette année, j'ai retourné la question dans mon esprit des centaines de fois, sans être capable de trouver la moindre réponse. Où chercher? Je n'en ai vraiment aucune idée.

A dix-huit heures le lendemain, je mets la dernière touche à ma coiffure et m'attarde un peu devant le miroir. Mes longs cheveux blonds sont relevés en quatre nattes entrelacées sur la tête, comme Soren l'aime. La robe de soie bleue, que Valborg m'a repassée, rehausse l'éclat de mes yeux bleus. Le bleu est la couleur favorite de Soren, et la mienne également. Nous avons tellement de points communs...

Ma rêverie est interrompue: quelqu'un frappe à la porte. Vite, je mets ma cape de fourrure blanche et ouvre. La silhouette athlétique de Soren est mise en valeur par un habit de cérémonie à basques, qui lui va à ravir. Les cheveux, peignés avec un soin scrupuleux, sont légèrement parfumés à l'essence de laurier.

"Un taxi nous attend en bas", dit-il en prenant une des mains que je lui tends dans les deux siennes.

Au restaurant, Soren me guide vers une table pour deux, dans un angle, à l'écart. "Il y a quinze jours que j'attends cette soirée, dit-il. Est-ce que tu réalises? Presque douze ans ont passé depuis que nous avons dansé ensemble pour la première fois!"

Le garçon vient prendre notre commande et la conversation s'oriente vers les péripéties du trimestre qui vient de s'achever. Soren est plein d'entrain et divertissant, comme à son habitude; mais je perçois un brin de tension dans sa voix. Finalement, le garçon débarrasse la table et nous laisse devant un café et une liqueur.

Soren avale une petite gorgée de café, puis lève les yeux sur moi et me regarde bien en face: "Lydia, j'avais une raison bien spéciale pour t'inviter à dîner avec moi ce soir, et je pense que tu la connais déjà." Il fait une pause; ses yeux verts scrutent les miens: "Lydia, veux-tu m'épouser?"

Je sens le rouge me monter aux joues; mon cœur bat très fort; je suis sûre que tous ceux qui sont dans la pièce l'entendent. J'attendais ce moment, et pourtant ma réponse n'est pas prête. J'ouvre la bouche en me demandant ce que je vais dire et j'entends:

"Merci, Soren. C'est le plus beau des hommages qu'on ne m'ait jamais rendu. Mais...

– Mais quoi?

– Soren, je ne suis pas libre de m'engager en ce moment.

– Y a-t-il quelqu'un d'autre?

– Non, ce n'est pas ça. Je ne connais personne que j'apprécie et respecte plus que toi." Je lutte pour m'expliquer, mais les mots ne viennent pas.

Se penchant en avant, Soren se remet à parler. Ses mots se bousculent. Il dépeint ce que l'avenir nous réserve ensemble, les centres d'intérêt et les activités que nous pourrions partager, la façon dont nos carrières s'imbriqueraient, se compléteraient l'une l'autre. Finalement il s'arrête, attendant ma réponse.

"Je sais à quel point ta carrière de professeur a de l'importance pour toi, Soren, et pour cette raison je suis flattée que tu veuilles partager ton avenir avec moi. Mais j'ai peur que les choses ne se passent pas de la façon dont tu le décris.

– Pourquoi, Lydia?

– Tu sais, je ne suis pas aussi sûre de mon avenir que toi du tien, Soren. Avant de pouvoir m'engager dans la voie que tu me proposes, il y a quelque chose d'autre que je veux mettre au clair d'abord.

– Qu'est-ce que c'est?

– Je me rends compte que cela peut paraître fou (j'en suis toujours à chercher mes mots), mais je n'arrête pas de me demander s'il y a quelque chose de plus dans la vie que simplement une carrière, un appartement avec de beaux meubles et une pension au bout de tout cela. Je ne sais pas, mais quand mon père est mort, il y a de cela deux ans, je ne pouvais pas m'empêcher de me demander si cela était vraiment la fin, ou s'il y avait quelque chose de plus.

– Veux-tu dire quelque chose en rapport avec la religion?

– Peut-être... quoique je n'aime pas ce mot de religion."

Pauvre Soren! Je vois bien qu'il est aussi désorienté que moi. Il boit son café à petites gorgées rapides.

"Pardonne-moi de te donner une réponse aussi insensée. Je suis comme quelqu'un qui essaie de décrire le chemin pour aller dans un endroit où il n'est jamais allé lui-même."

Nous gardons tous deux le silence quelques instants, pendant que je cherche un moyen de faire tomber la tension. Finalement, j'avance une de mes mains par-dessus la table et prends une des siennes: "Et si on allait danser, maintenant? J'essaierai de mieux m'expliquer plus tard."

La soirée dansante se termine; Soren me raccompagne à mon appartement et je l'invite à monter pour une dernière tasse de café. Il est le premier à revenir sur le thème de notre conversation au restaurant.

"Lydia, si tu veux que je t'accompagne à l'église, je suis d'accord de le faire.

– Non, Soren. Je ne te le demanderai pas. J'ai été une bonne luthérienne toute ma vie, mais cela n'a pas répondu à mes questions. Pendant ma première année ici, à Korsor, je suis allée à l'église tous les dimanches; à chaque fois, j'en suis ressortie plus troublée et plus frustrée qu'en y arrivant, si bien qu'à la fin, j'ai abandonné.

– Bon, alors, pourquoi n'essaierais-tu pas d'aller à la mission évangélique, en bas, près du port? Je suis sûr que notre chère bibliothécaire, mademoiselle Sonderby, serait heureuse de t'emmener avec elle."

En un éclair, je revois Kristine Sonderby comme je l'ai vue bien des fois en route pour la mission: chapeau de feutre noir informe coiffant une frange de cheveux gris, épaisses lunettes cerclées de noir, Bible et cantique – tous deux reliés de noir – dépassant de la poche latérale de son volumineux sac de cuir noir. Des bottines au chapeau, le thème récurrent est le noir. Le "salut" tel que Kristine Sonderby le personnifie est sûrement une affaire déprimante et ses avantages, quels qu'ils puissent être, tous réservés à quelque vie future. Non, ce n'est pas ce que je cherche!

Encore quelques minutes et Soren se prépare à partir. Dans l'entrée, il me tient un moment dans ses bras, puis se retourne et descend l'escalier sans ajouter un mot.

Après son départ, j'essaie de ne plus penser à ce qui s'est passé entre nous; mais le délicat parfum de sa lotion, qui s'attarde dans l'appartement, m'y ramène. Comme je le sentais bien réel et ardent quand il me tenait dans ses bras! En comparaison, ma quête de ce "quelque chose" d'inconnu, qui comblerait la vie, semble vague et chimérique.

Il est dix heures le matin suivant. Je suis assise dans un compartiment de première classe. Le train va vers le nord, à Bronderslev, où je suis née et où ma mère vit toujours. Je n'ai pas bien dormi la nuit dernière et j'ai mal à la tête. Le trajet dure six heures, ce qui me donne tout le temps de méditer – plus que je ne le voudrais. Mes pensées reviennent sans cesse à la conversation entre Soren et moi, le soir précédent. Je ne comprends toujours pas ma propre conduite.

Une voix intérieure me fait des reproches: "Tu as gâché ta chance de bonheur! Tu pouvais te marier, avoir un foyer et la sécurité. Désormais, tu as tout perdu!"

Je tourne la tête vers la fenêtre et essaie de fixer mon attention sur le paysage qui défile; mais la voix continue: "Et qu'as-tu à mettre à la place du mariage? Rien! Tu finiras simplement par devenir la vieille fille professeur typique, comme mademoiselle Sonderby!"

Encore et encore, je reviens à cette conversation avec Soren. Au fur et à mesure que je me remémore chaque parole que je lui ai dite, la voix accusatrice me demande: "Pourquoi as-tu dit ça? Ce n'était pas ce que tu voulais dire, en réalité. Tu ne savais même pas ce que tu disais."

Au bout d'un moment, le bruit cadencé des roues sur les rails reprend la question comme un refrain: "Pourquoi as-tu dit ça? Pourquoi as-tu dit ça? Pourquoi as-tu dit ça?"

J'allume un manille et en tire de rapides bouffées, mais il ne me procure pas la détente dont j'ai besoin. Je me lève et me mets à aller et venir le long du couloir du compartiment, mais le martèlement des roues continue à me poursuivre impitoyablement: "Pourquoi as-tu dit ça?"

Avec beaucoup d'efforts, je parviens à détourner mon esprit de Soren et m'applique à penser à la réunion de famille qui m'attend à Bronderslev. Mon père était entrepreneur en bâtiment. Il a eu beaucoup de succès et a joué un rôle important dans le développement de la ville. Après sa mort, ma mère a déménagé dans un grand immeuble surnommé, dans le quartier, le "Castel", et qui a été construit par mon père au centre-ville, à quelques centaines de mètres seulement de la gare. Ma mère y occupe un appartement de six pièces situé au second étage.

C'est une tradition familiale de nous réunir tous à la maison pour Noël. Ma sœur aînée, Kezia, va venir de l'île de Fyn avec son mari, Knud, et leurs quatre enfants. La cadette, Ingrid, est mariée à un officier de l'armée danoise qui possède une grande propriété à environ cinquante miles[*] de Bronderslev. Ils n'ont pas d'enfant. Je suis la "petite dernière" de la famille et la seule pas encore mariée.

A l'entrée en gare de Bronderslev, je repère vite une grande silhouette mince, coiffée d'un bonnet blanc empesé, qui m'attend sur le quai. C'est Anna, la servante de ma mère. "Bienvenue à la maison, Mademoiselle Lydia, dit-elle en me déchargeant de ma valise. Votre mère a compté les heures jusqu'à votre arrivée." A grandes enjambées, Anna me guide à travers la place centrale, jusqu'au Castel.

Ma mère m'attend dans l'entrée: "Bienvenue, ma petite fille", dit-elle en me prenant dans ses bras. Pour elle, je suis toujours "la petite", quoique maintenant j'aie très largement dépassé la trentaine.

Depuis la mort de mon père, ma mère a conservé le noir traditionnel des veuves, mais sa longue robe de soie, agrémentée par un col et des poignets de dentelle blanche, n'est pas sans élégance. Ses cheveux blonds ont pris une teinte de gris qui ajoute à sa dignité.

Ma mère et moi sommes seules pour le dîner. M'entendre parler de mon travail au lycée l'intéresse toujours vivement, et elle est fière de chaque promotion que j'obtiens. Bientôt, mes sœurs arrivent avec leur famille. Comme d'habitude, la première question est: "Toujours pas de demande en mariage?" Pour une raison non définie, je ne dis rien de Soren.

Le lendemain, veille de Noël, c'est pour le Danemark le jour des principales célébrations. Dans l'après-midi, bref service à l'église. Ma mère est une "bonne luthérienne"; elle va au culte à deux occasions dans l'année qui sont la veille de Noël et Pâques.

Sur le chemin menant à l'église, maman commence à me parler du nouveau pasteur: "C'est un homme délicieux. Tout le monde l'aime.

– Ce qui veut dire, maman, qu'il prêche de gentils sermons bien courts!

– Mais oui, c'est vrai. Je n'ai jamais aimé les longs prêches. De

---

[*] Environ quatre-vingts kilomètres (un mile = 1609 m)

plus, il joue au whist. Il vient me voir chaque mardi et nous faisons une partie de cartes ensemble."

Cet après-midi-là, le pasteur fait honneur à sa réputation. Le sermon débute à quinze heures et à quinze heures quarante-cinq nous sommes déjà dans la rue. Nous rentrons à la maison avec le sentiment du devoir accompli. Alors, la partie vraiment sérieuse de la fête de Noël nous attend: l'arbre, les cadeaux, des boissons et des mets délicieux à profusion.

A dix-huit heures, nous prenons tous place autour de la longue table de la salle à manger. Les souvenirs de ma plus tendre enfance sont tissés de ces traditions de Noël. Un instant, je revois mon père siégeant au bout de la table; la grosse chaîne en or de sa montre, en travers du gilet, scintille aux lumières de Noël. C'est désormais Knud, l'aîné de ses beaux-fils, qui occupe sa place.

Chaque phase de nos festivités se déroule selon un protocole bien établi. Quand tous ont pris place, Anna, en uniforme bleu – celui qu'elle réserve pour les grandes occasions –, ouvre la porte à double battant qui donne sur le séjour. Là, au milieu de la pièce, se dresse l'arbre de Noël. Les bougies allumées sur chaque branche révèlent, au pied de l'arbre, un monceau de cadeaux magnifiquement emballés. Des amours de petits paniers de papier remplis de sucre candi, de chocolat et de massepain pendent aux branches. Les enfants, émerveillés, poussent des exclamations étouffées à mesure qu'ils découvrent chaque détail de la scène.

Ensuite, Anna allume les longues bougies rouges au centre de la table, puis elle se retire à la cuisine, non sans avoir éteint l'électricité. Pendant que nous attendons son retour, mes yeux parcourent la table. A part un espace libre devant Knud, tout est recouvert de mets variés. En plus des habituelles pommes de terre cuites à l'eau, voici deux plats d'une spécialité: les pommes de terre au "caramel", trois saucières, deux jattes de gelée de groseille rouge, deux saladiers de chou rouge, une guirlande de petits cochons en massepain et toutes sortes de condiments. Au centre trône un plat en argent où s'amoncellent pommes, oranges, noix, raisin blanc et raisin noir.

Au bout de quelques minutes, Anna revient portant un grand plat ovale de cette fameuse porcelaine royale, qu'elle dépose devant Knud. Il contient une énorme oie rôtie, pattes ornées de papillotes, poitrine piquée de trois petits drapeaux danois rouge et blanc. Pendant que Knud découpe l'oie, le mari d'Ingrid ouvre une bouteille de bourgogne.

Au dessert, nous dégustons le traditionnel gâteau de riz. Une amande y est enfouie quelque part. La personne qui la trouvera dans sa portion recevra un cadeau supplémentaire, qui est placé, bien en évidence, sur le haut de la pile. Chacun sonde sa part avec soin et, finalement, Ingrid brandit l'amande, au milieu des soupirs de déception des enfants.

Quand l'énorme repas est enfin terminé, nous passons tous au salon. Le mari d'Ingrid se met au piano et tous les autres, se prenant par la main, forment une grande ronde autour du sapin. Nous entonnons alors les traditionnels chants de Noël danois, faisant des cercles autour de l'arbre en dansant, puis nous inclinant à l'unisson devant lui à la fin de chaque strophe.

De tous les chants familiers, il en est un qui, toujours, plus que tous les autres, fait vibrer en moi la corde la plus profonde:

> Qu'il soit seul acclamé, mon substitut, Sauveur!
> Le monde t'a tressé la couronne de ronces,
> mais moi, j'ai le désir, tu le sais, mon Seigneur,
> d'attacher à ta croix la couronne de roses.
> Donne-moi d'en trouver le courage et la grâce!

Lorsque nous commençons à chanter ces paroles, je sens soudain mes yeux se remplir de larmes. Vite, je baisse la tête pour les cacher! Que m'arrive-t-il? Un court instant, je me revois au restaurant, assise face à Soren, en train de me débattre pour tenter d'expliquer ma recherche de ce "quelque chose" d'inconnu nécessaire pour combler un vide dans notre vie. Quand je relève la tête, les personnes présentes dans la pièce me paraissent étrangement lointaines. Elles sont, pour moi, les êtres les plus proches et les plus chers, et pourtant, d'une certaine façon, je suis devenue une spectatrice détachée, contemplant des événements dans lesquels je ne vois plus aucune réelle signification.

Une fois le chant terminé, tous les adultes se mettent à fumer. Les hommes allument de gros cigares, tandis que ma mère, mes sœurs et moi prenons chacune un fin manille. Une dame n'est pas censé fumer quelque chose d'aussi peu raffiné qu'une simple cigarette!

La soirée arrive à son apogée avec l'ouverture des cadeaux. Nous donnons la responsabilité à l'aîné des garçons de Kezia de les prendre sous l'arbre en lisant, au fur et à mesure et à haute voix, les noms inscrits. Chaque cadeau doit être ouvert et passer de main en main pour être examiné, avant que le nom suivant soit appelé. Etant donné qu'il y a entre cinquante et soixante paquets, il est près de minuit quand nous ouvrons le dernier, et les deux plus jeunes enfants sont profondément endormis sur le parquet.

Le lendemain après-midi, je me trouve seule avec maman, dans le séjour. Elle est dans son fauteuil à bascule favori, tricotant un pull pour un des enfants de Kezia.

"Dis-moi, Lydia, quand vas-tu te marier et t'établir?" Le mouvement rythmé du fauteuil s'accorde avec le cliquetis des aiguilles. "Tu sais, je ne vais pas en rajeunissant, et j'aimerais tellement te voir installée avec un mari et un foyer à toi.

– Mais, j'ai un foyer à moi, maman, un magnifique appartement. Quant au mariage, il y a quelque chose que j'ai besoin de découvrir avant.

– Qu'est-ce? dit-elle, exactement comme Soren.

– Je ne sais pas très bien. Mais c'est quelque chose en rapport avec... oui, avec Dieu. (Etrange que ce mot soit si difficile à dire!) Je veux découvrir par moi-même si Dieu est réel, s'il y a dans la vie un but autre que simplement une carrière et un salaire.

– Quoi! C'est exactement ainsi que ton père a commencé à parler un ou deux ans avant son départ, s'exclame maman. Il s'est même mis à fréquenter des sortes de réunions chez un paysan à la campagne.

– Un paysan? (Il est difficile de se représenter papa, en gilet, redingote et pantalon rayé, assis dans la salle de séjour d'un paysan.)

– Oui. Pas du tout le genre de personnes qu'il avait l'habitude de fréquenter. Je lui ai même envoyé de l'argent. Je ne voulais pas que ton père aille là-bas boire son café sans compensation.

– Qu'est-ce que papa disait d'autre?

– Eh bien! Je me souviens de lui avoir entendu dire un jour que l'argent ne pouvait pas acheter la paix de l'âme. C'était quelques semaines avant son attaque cardiaque. Tu sais qu'il est mort soudainement."

Je revois tout en un éclair: le télégramme, le cauchemar du voyage en train et l'arrivée dans la chambre où l'on avait déposé le corps de mon père. Je me rappelle du premier choc intense de la douleur, et comment elle avait graduellement cédé la place à une sensation de paix si réelle, qu'elle était presque comme la présence d'une personne, là, dans la pièce, avec moi. Je me souviens aussi de l'expression du visage de papa, étendu là, qui était celle d'une sérénité que je ne lui avais jamais vue de son vivant. Il avait certainement trouvé quelque chose dans les dernières semaines de sa vie. Mais quoi?

"Que pourrait-il y avoir de plus dans la vie que ce que tu as déjà Lydia? (La voix de ma mère fait irruption au milieu de mes souvenirs.) Tu as tellement bien réussi dans ta carrière et je sais que tout le monde à l'école a une haute opinion de toi. Je suis sûre que ce qui te manque, c'est un foyer et des enfants à toi.

– Peut-être, maman, mais..." Comment décrire cette agitation intérieure que je ne peux pas ignorer, et cependant pas expliquer?

Finalement, je laisse échapper ces paroles:

"S'il y avait quelque chose de spécial dans la vie qu'aucune autre femme ne voudrait faire, même si c'était difficile et dangereux, c'est cela que j'aimerais réaliser."

Je peux voir, sur le visage de maman, la même expression déconcertée que Soren avait eue, quelques jours plus tôt. On dirait que c'est auprès de ceux que j'aime le plus que je m'explique le moins bien. Suis-je folle de continuer à chercher quelque chose que je ne peux pas exprimer avec des mots, même pas à moi-même?

* * * * * * *

Chapitre 3

La rencontre

Je suis de retour à Korsor le lundi 3 janvier 1927. L'école ne reprend pas avant une semaine. J'annonce à Valborg qu'il n'est pas nécessaire qu'elle revienne travailler avant samedi. Je veux passer les quelques jours suivants entièrement seule.

Le lendemain matin, je sors pour une longue promenade sur le rivage du Store Baelt. Un vent glacé, qui souffle en rafales, me fouette les embruns en plein visage; je resserre l'écharpe autour de mon cou, courbe la tête en avant et presse mon corps contre la brise. Lutter de la sorte contre la force des éléments m'aide à forger en moi un sentiment de détermination. Peu importe ce à quoi je serai confrontée; je ne ferai pas demi-tour avant d'avoir trouvé la réponse à ma quête.

De retour à l'appartement au moment du déjeuner, je n'ai pas encore envie de manger. Je me prépare une tasse de café bien fort, allume un manille et passe au salon. J'examine les rangées de livres qui garnissent le mur et passe en revue les noms des auteurs: Kirkegaard, Oenslaeger, Ibsen, Shakespeare, Dickens, Tolstoï, Platon. Je les ai lus, cités, enseignés, mais ils n'ont aucune réponse à me proposer. A l'extrême droite, dans la rangée du haut, mes yeux s'arrêtent sur un volume d'aspect quelconque, relié en noir.

A l'école de formation des professeurs, la Bible faisait partie des cours obligatoires sur la religion et l'histoire de l'Eglise. J'en avais lu assez pour être reçue aux examens, mais je n'avais pas poussé mon étude au-delà. Y aurait-il dans ce livre quelque chose qui ne se trouverait pas dans les autres ouvrages étudiés avec tant de zèle? J'hésite, puis tends un de mes bras et la descends.

Calée dans mon fauteuil favori, je tiens pendant un moment la Bible sans l'ouvrir. Par où commencer? Il semble raisonnable de débuter par le Nouveau Testament. Je trouve le premier chapitre de Matthieu, passe rapidement sur la généalogie de Christ et lis le récit de sa naissance et de son enfance. La simplicité de la narration de Matthieu contraste terriblement avec les festivités de Noël compliquées auxquelles je viens de participer.

Je poursuis ma lecture avec le baptême de Christ, sa tentation et les premiers épisodes de son ministère public. Il y a là, certainement, une beauté morale incomparable que je n'ai trouvée dans aucun des autres livres que j'ai lus, mais je ne vois pas le rapport avec ma situation présente. Quand j'arrive au sermon sur la montagne, qui s'ouvre par les béatitudes, je ralentis, m'arrêtant à chaque bénédiction pour me demander si elle pourrait, d'une façon ou d'une autre, s'adresser à moi.

A la quatrième, j'ai soudain le souffle coupé:

> "Heureux ceux qui ont faim et soif de justice, car ils seront rassasiés!" (Matthieu 5:6)

"Faim et soif"... Ne serait-ce pas justement ce désir intense que je ressens pour quelque chose que je n'arrive pas à exprimer? Puis-je oser appliquer ces mots à moi-même?

Au verset dix, je fais une nouvelle pause:

> "Heureux ceux qui sont persécutés pour la justice..."

Cela n'a aucun sens. Pourquoi quelqu'un serait-il persécuté pour avoir recherché la justice?

Je continue à avancer lentement à travers les chapitres cinq et six, comme quelqu'un bataillant pour trouver son chemin à travers une forêt. Dans l'ombre épaisse des branches entrelacées, le sentier est difficile à distinguer; de temps à autre, un rayon de soleil qui perce me donne un encouragement passager. Puis, au chapitre sept, c'est comme si j'atteignais une clairière où les rayons du soleil se déversent sur moi, sans interruption, dans leur plénitude:

> "Demandez et l'on vous donnera, cherchez et vous trouverez, frappez et l'on vous ouvrira, car quiconque demande reçoit..." (Matthieu 7:7-8)

"Demandez... cherchez... frappez..." Certainement, cela je peux le faire.

Je continue et la lumière est encore là, limpide et éclatante:

"Entrez par la porte étroite [...] mais étroite est la porte, resserré le chemin qui mènent à la vie, et il en est peu qui les trouvent" (Matthieu 7:13-14).

Quelque part, devant le sentier que je suis en train de suivre, il y a une *porte*, et cette porte ouvre sur un *chemin* qui conduit à la paix et à l'accomplissement. Mais avant de pouvoir marcher sur ce chemin, il me faut trouver la porte et y entrer.

Je jette un coup d'œil à la pendule murale au-dessus du piano. Il est presque seize heures! Plus de trois heures se sont écoulées depuis que j'ai commencé à lire! Dehors, la nuit commence à tomber. J'allume la lampe et tire les lourds rideaux de brocart devant la fenêtre. Je veux m'enfermer dans le monde de mes pensées. Je me mets à aller et venir dans la pièce en méditant sur les mots que je viens de lire. "Demandez... cherchez... frappez..." J'ai certainement *cherché* depuis des mois. Mais ai-je *demandé*? A qui dois-je demander? Christ parlait-il de prière?

Dans mon enfance, on m'a appris à dire le "notre Père" chaque soir avant de m'endormir. A douze ans, c'était devenu une routine fastidieuse. Je me souviens d'une nuit où je l'ai répété dix fois de suite, de façon à être débarrassée de cette corvée pour les neuf soirs suivants. D'autre part, je me suis jointe aux prières et réponses d'usage de l'assistance les jours où j'ai fréquenté l'église. Mais la pensée de prier individuellement et directement Dieu, de dire des paroles qui ne sont pas dans le recueil de prières, c'est inhabituel et terrible. Pourtant, je ne peux pas passer outre et laisser tomber les paroles de Christ: "Demandez et l'on vous donnera..." Si Christ veut que je *demande*, je ne peux pas espérer recevoir n'importe quoi sans demander.

Je m'immobilise devant mon fauteuil. Dois-je me mettre à genoux? Pendant un moment, j'hésite. Enfin, je m'agenouille sur le parquet et m'incline sur le fauteuil, les coudes sur le doux velours capitonné. Je commence mentalement: "O Dieu...", mais je ne sais pourquoi, cela ne paraît pas juste.

Est-ce nécessaire de prier *à haute voix*? La pensée d'écouter ma propre voix m'effraie. "O Dieu...", dis-je tout haut. Le son d'une voix dans la pièce où je suis seule est choquant. Je répète: "O Dieu..." Puis une troisième fois "O Dieu, je ne comprends pas... je ne comprends pas qui est Dieu, qui est Jésus, qui est le Saint-Esprit, mais si tu me montres que Jésus est réellement vivant, je le suivrai!"

A l'instant, dans la pièce familière où l'horloge fait entendre son tic-tac, il se produit quelque chose à quoi tout mon passé et mon éducation ne m'ont absolument pas préparée. Mon esprit refuse tout simplement d'accepter ce que mes yeux voient. Je ne suis plus en train de regarder le dossier du fauteuil. A sa place, une personne est là, debout, tout près de moi. Un long vêtement blanc couvre ses pieds. Je lève lentement les yeux. Au-dessus de ma tête, deux bras sont étendus dans la position de quelqu'un qui bénit. Je continue à lever les yeux, et je vois alors le visage de celui qui se tient debout, au-dessus de moi. Tout mon corps commence à trembler. Involontairement, un mot me monte aux lèvres: "Jésus!" Mais au moment où je prononce son nom, il a disparu.

Je me retrouve en train de regarder le fauteuil. Dans le velours vert, je vois les deux creux laissés par mes coudes. Y a-t-il réellement eu quelqu'un debout devant moi un instant avant? Ou ai-je été victime de quelque brève hallucination incroyable?

Je relève la tête et promène lentement le regard autour de la pièce. Extérieurement, rien n'a changé. Pourtant il y a là, dans cette pièce, quelque chose qui n'y était pas une minute plus tôt. Je me rappelle l'instant où je suis entrée dans la chambre où reposait le corps de papa. La présence que j'ai ressentie alors est maintenant là, tout autour de moi; la pièce en est véritablement remplie. Elle n'est pas seulement autour de moi, mais elle est aussi en moi; c'est une paix profonde, parfaite, débordante.

Je suis bouleversée en réalisant ce qui vient de se produire. Dieu a littéralement répondu à ma prière. Il a fait exactement ce que j'ai demandé. Il m'a montré Jésus. J'ai vu son vêtement et ses main étendues. Pendant un instant indicible, j'ai regardé son visage. Je m'accroche fermement à ce fait unique: *Christ est vivant éternellement, glorieusement, radieusement vivant!* Toute la connaissance des hommes rassemblée pâlit d'insignifiance comparée à ce seul fait.

Soudain, prier n'est plus un effort. Je ne peux retenir ma gratitude, les mots viennent: "Oh! merci!" Je crie: "Merci!"

Des grandes vagues de paix envahissent mon âme. Il semble qu'il n'y a pas moyen de la contenir ou de l'exprimer. Je saute sur mes pieds et commence à marcher de long en large. A mesure que les minutes s'écoulent, je réalise de mieux en mieux ce qui vient de se passer. Je suis submergée d'émotion. Je m'écrie sans arrêt: "Merci!... Merci!"

Je m'assieds au piano, cherchant un moyen d'exprimer mes sentiments. Le cantique qui m'a fait monter les larmes aux yeux la veille de Noël me revient en mémoire. Je cherche la mélodie au piano et me mets à chanter les paroles à haute voix, en improvisant l'accompagnement.

> Qu'il soit seul acclamé, mon substitut, Sauveur!
> Le monde t'a tressé la couronne de ronces,
> mais moi, j'ai le désir, tu le sais, mon Seigneur,
> d'attacher à la croix la couronne de roses.
> Donne-moi d'en trouver le courage et la grâce!

Je rechante ces paroles encore et encore. A chaque fois, ma voix devient plus claire et plus forte. Un fleuve de paix coule de mes lèvres par ces paroles que je chante.

Je perds la notion du temps. Tantôt je m'agenouille et prie, tantôt je m'assieds au piano pour chanter. Quand je regarde la pendule, il est vingt-deux heures. Six heures ont passé. Elles m'ont paru comme six minutes.

Finalement, je me déshabille et me prépare pour aller au lit. Une fois la lumière éteinte, je reste allongée, répétant toujours mes paroles de reconnaissance: "O Dieu, je te remercie! Je te remercie!" Vers minuit, je glisse doucement dans un sommeil profond.

Tôt le lendemain matin, je m'emmitoufle bien chaudement pour une nouvelle promenade le long du Store Baelt. Comme c'est étrange! Chaque chose paraît si fraîche, si propre. Pourquoi ne le voyais-je pas, hier? En l'espace d'une nuit, les objets les plus familiers ont acquis une nouvelle beauté. Les crêtes d'écume blanche, qui captent ici et là les pâles rayons du soleil, les mouettes tournant au-dessus de ma tête en poussant leur appel strident, les tiges raides des herbes sur les dunes courbées par les rafales du vent, tout, sans exception, rend témoignage au génie de son Créateur.

De retour à l'appartement, je reprends la lecture de l'Evangile de Matthieu à l'endroit où je me suis arrêtée la veille au soir. La différence est encore plus spectaculaire que sur la rive du Store Baelt. Je ne suis plus en train de me débattre pour avancer dans un sentier obscur à travers une forêt. J'ai émergé en plein soleil radieux. Je sens que je participe véritablement aux scènes qui se déroulent devant moi à mesure que je lis. Jésus lui-même, en personne, les traverse toutes. Il n'est plus maintenant un simple personnage historique, mais une présence réelle et vivante.

A midi, je me prépare à la hâte un léger repas. Une fois ce dernier terminé, je repousse les plats et ouvre ma Bible sur la table, devant moi. A côté, ma tasse de café et un manille que je viens d'allumer. Au bout d'un moment, je réalise que la fumée du cigare flotte au-dessus des pages de la Bible. Cela serait-il juste qu'elle s'interpose entre moi et les Ecritures? On dirait un voile qui obscurcit ma vision de Christ.

Je me mets donc à considérer le rôle que cette habitude joue dans ma vie. J'ai fumé régulièrement depuis le lycée. Chaque matin, Valborg me réveille avec une tasse de café et un manille. Aucun repas n'est jamais complet sans être couronné par la même association. Dans les moments de tension ou de frustration, ma première réaction est invariablement la même... avancer une de mes mains pour prendre un cigare. Lors des rares occasions où Valborg laissait ma réserve s'épuiser, je l'interrompais au milieu de son travail, quel qu'il soit, pour l'envoyer en hâte au bureau de tabac, tout en lui reprochant son manque de prévoyance.

Je jette un coup d'œil au cigare qui se consume sur le cendrier, devant moi. Est-ce mon imagination ou y a-t-il en lui quelque sinistre puissance qui me maintient captive? Je me sens comme un oiseau fasciné par les yeux d'un serpent. Je suis sûre d'une chose, celle qu'il m'est impossible d'échapper à l'attraction que ce manille exerce sur moi, quel que soit l'effort de ma volonté.

Une prière monte spontanément à mes lèvres: "Dieu, tu sais que je ne pourrai jamais abandonner cette chose; mais si tu veux me l'enlever, je suis d'accord de la laisser partir."

Quelque part sous mon diaphragme, je ressens une sorte de soulagement, comme si un nœud était en train de se défaire. La libération se manifeste par un long et profond soupir qui s'échappe de mes lèvres. Pendant quelques minutes, je reste assise sans énergie, le corps complètement vidé de sa force. Puis je saisis le cigare qui brûle encore et l'écrase dans le cendrier jusqu'à le réduire en miettes.

Quand mes jambes ont retrouvé leur force, j'emporte le cendrier à la cuisine et le vide dans la poubelle. Près de l'évier, j'aperçois un paquet de manilles pas encore entamé. Je le mets à la poubelle! Ensuite, j'entre dans la chambre à coucher, tire de mon sac à main un autre paquet, qui subit le même sort. Enfin, je reviens dans la salle à manger et reprends l'étude de la Bible.

C'est seulement en fin de journée que je réalise qu'un miracle s'est produit. Dix heures se sont écoulées sans qu'une seule fois j'avance l'une de mes mains à la recherche d'un cigare. En réalité, je n'y ai même pas pensé. Etant donné le peu d'intérêt que j'ai maintenant pour les cigares, ils pourraient tout aussi bien avoir cessé d'exister.

Les deux jours suivants, une tempête d'hiver s'abat sur Korsor. Le déchaînement des éléments au-dehors ne fait qu'augmenter, par contraste, la paix qui remplit l'appartement. Je passe le plus clair de mon temps à poursuivre la lecture de la Bible. Le vendredi soir, j'arrive à la lecture de l'Evangile de Jean. Les versets du prologue, au premier chapitre, captivent mon attention comme jamais aucun texte avant. Je les lis et les relis sans cesse:

"Au commencement était la Parole, et la Parole était avec Dieu, et la Parole était Dieu [...] En elle était la vie, et la vie était la lumière des hommes [...] La Parole a été faite chair, et elle a habité parmi nous, et nous avons contemplé sa gloire, une gloire comme celle du Fils unique venu du Père" (Jean 1:1, 4, 14).

Associant grandeur et simplicité, ces versets dépassent, et de loin, tout autre texte littéraire que j'aie jamais étudié.

Quand je suis fatiguée de lire, je chante des cantiques en m'accompagnant au piano, ceux que j'ai appris à l'Eglise quand j'étais enfant. Paroles et mélodies, que je n'ai pas entendues depuis des années, me reviennent spontanément en mémoire.

De temps en temps, l'étrangeté de tout cela me submerge au point de me demander si je rêve ou si tout cela m'arrive réellement. A chaque fois, je réponds à ma propre question par deux faits si précis que je ne peux les nier. Le premier, c'est cette paix qui demeure, qui remplit le plus profond de mon être et qui en imprègne l'appartement tout entier. Le second, c'est ma libération miraculeuse du tabac. Je sais, sans l'ombre d'un doute, qu'aucun des deux ne résulte de quelque effort que ce soit de ma volonté ou de mon imagination.

Le samedi, Valborg m'apporte ma tasse de café habituelle au réveil, dans ma chambre.

"Bonjour, Mademoiselle, dit-elle. Voici votre café. J'ai cherché partout vos manilles sans pouvoir les trouver.

– Je les ai jetés. J'ai arrêté de fumer.

– Vous avez arrêté de fumer? Mais pourquoi? Avez-vous été malade?

– Je ne me suis jamais mieux sentie de ma vie! Mais... eh bien, je n'ai désormais plus besoin de manille! Voyez-vous, quelque chose m'est arrivé."

En hésitant, en tâtonnant pour trouver les mots justes, j'essaie de décrire tout ce qui s'est passé au cours des quatre jours qui viennent de s'écouler. Quand j'ai fini, Valborg reste un moment sans parler, puis elle dit: "Je n'aurais jamais imaginé que des choses pareilles pouvaient arriver à quelqu'un aujourd'hui. Et pourtant, je sais que ce doit être vrai."

C'était son tour d'être embarrassée: "Voyez-vous, dès que j'ai ouvert la porte de l'appartement ce matin, j'ai su que quelque chose avait changé. Il y avait là quelque chose que je n'avais jamais ressenti auparavant...

– Ce n'est pas quelque chose, Valborg. C'est quelqu'un. C'est Jésus! Il est réellement vivant... ici même et maintenant."

Les premiers jours du nouveau trimestre se passent sans événement marquant. Je rencontre Soren chaque jour quand tous les enseignants se réunissent en salle des professeurs pour la pause café du milieu de la matinée, mais nous n'échangeons rien de plus que des plaisanteries. Puis, pendant un moment libre, le vendredi après-midi, je suis en train de lire une revue à la bibliothèque des professeurs quand j'entends la voix de Soren derrière moi.

"Est-ce que j'interromps la recherche de la vérité? Ou puis-je m'asseoir et bavarder?

– En fait, j'attendais l'occasion de partager quelque chose avec toi.

– Cela paraît passionnant."

Soren s'assied en face de moi. Mon cœur se met à battre plus vite. Je sais que ce sera plus difficile à expliquer à Soren qu'à Valborg.

"Tout d'abord, Soren, je veux te dire que je regrette de t'avoir donné une réponse si stupide le soir du bal. J'ai peur que tu aies pensé que je n'appréciais pas vraiment ce que tu m'as dit.

– Tu n'as pas à t'excuser, Lydia. Si cette autre question est si importante pour toi, tu te dois d'en chercher la réponse.

– La chose que je désire partager avec toi, c'est que... eh bien... je crois que j'ai commencé à trouver la réponse.

– Oui? Et comment?"

Je suis consciente des yeux verts de Soren braqués sur moi.

"Pendant quatre jours, la semaine dernière, j'ai été seule dans mon appartement... à lire la Bible... et à prier. Et Dieu a répondu à mes prières, Soren! Il m'a montré que Jésus est vivant.

– Je ne comprends pas.

– Jésus s'est tenu juste en face de moi, Soren. Je l'ai vu, ses mains étaient étendues au-dessus de moi. Cela n'a duré qu'un instant, mais tout en a été transformé."

Pendant un moment, Soren me regarde avec des yeux écarquillés, sans parler. Enfin, il rompt le silence.

"Lydia, nous ne sommes pas des enfants, ni l'un ni l'autre, et nous nous connaissons depuis assez longtemps pour être francs. Je vois bien que quelque chose t'est arrivé, mais je ne suis pas vraiment sûr que cela t'ait aidée. Ne penses-tu pas que c'est dangereux de devenir trop subjectif?

– Mais, Soren, ce n'était pas subjectif! Ce n'était pas mon imagination; j'ai réellement vu Jésus devant moi.

– Lydia, je ne dis pas que tu n'as pas ce sentiment actuellement, mais je pense que tu devrais placer les choses dans leur juste perspective. Tu admets toi-même que tu t'étais renfermée, mise à l'écart, pour être toute seule, et que tu venais de lire la Bible pendant de longues périodes. Je suis sûr qu'un psychologue pourrait rendre compte d'une façon très rationnelle de chaque chose qui t'est arrivée sans avoir besoin d'employer des accents si fortement émotionnels."

Je ne suis absolument pas préparée à entendre la réponse de Soren. Ses paroles me font l'effet de forts coups de vent qui menacent d'éteindre le lumignon de la foi qui a été allumé en moi.

"Mais, Soren, tu ne comprends pas! Si seulement je pouvais t'expliquer combien c'est merveilleux de ressentir une vraie paix après tous ces mois de combat et de recherche.

– Justement, nous y voilà, Lydia! C'est de tes sentiments que tu es devenue dépendante. Mais les sentiments peuvent changer. Dans un mois ou deux, tu peux voir les choses tout à fait différemment."

C'est avec soulagement que j'entends la cloche pour la reprise des cours. Il nous faut nous séparer.

Ce soir là, en pédalant sur le chemin du retour, mon esprit est dans un grand trouble. Je m'étais tant réjouie de partager la foi que je viens tout juste de découvrir avec Soren, mais j'ai complètement échoué. Au lieu de me croire, Soren m'a presque fait douter de ma propre expérience. Manifestement, j'ai besoin de sagesse ou d'une puissance plus grande que la mienne pour conserver ma petite chandelle.

Comme je parque ma bicyclette dans le réduit sous l'escalier, je remarque un morceau de papier pris dans les rayons de la roue arrière. Je le retire afin de le jeter dans la poubelle de la cuisine, mais je constate, à la lumière de l'entrée, qu'il est imprimé en anglais, ce qui éveille ma curiosité.

Le papier que je tiens à la main était, à l'origine, un petit prospectus de quatre pages; la première, portant l'introduction, manque. Le nom de l'auteur mentionné à la fin est Aimée Semple McPherson. Le thème est "La puissance de la prière". L'auteur relate comment elle a demandé à Dieu de lui donner ce qu'elle appelle "l'esprit de prière" et décrit les conséquences qui en ont résulté dans sa vie. Je suis si saisie par ce qui reste encore intact du message que je le lis d'une traite, jusqu'au bout, dans l'entrée, sans même me débarrasser de mon manteau. Finalement, je prends conscience de la présence de Valborg près de moi, attendant pour m'aider à enlever mon manteau.

Le dîner terminé Valborg, me souhaite une bonne nuit, et je reprends le prospectus. Il y a là un témoignage qui me revient sans cesse à la pensée. L'auteur rapporte qu'à un moment donné, elle a passé quarante heures d'affilée en prière. Ma première réaction est de repousser pareille absurdité. Cependant... et si une telle chose était vraiment possible? Si c'est le cas, il doit y avoir une dimension dans la prière au-delà de ce que j'ai jamais osé rêver, et encore moins réussi à expérimenter. Qu'est-ce que "l'esprit de prière"?

Finalement, je glisse à genoux devant le fauteuil de velours vert qui est devenu ma place favorite pour la prière. "Seigneur, j'ai besoin de la même puissance qu'a cette femme. Je te demande de me donner l'esprit de prière comme tu le lui as donné." Je me suis à moitié attendue à quelque réponse immédiate et spectaculaire, mais rien ne vient et je me fais des reproches. "Voilà ce qui arrive quand tu demandes quelque chose que tu ne comprends pas!"

Cependant, au bout de quelques jours, je réalise que mon mode de vie est en train de changer. Je commence à avoir un ardent désir de prière, comme quelqu'un peut-être affamé de nourriture.

Je trouve des excuses pour échapper aux parties de cartes et aux séances de patinage auxquelles j'avais l'habitude de participer activement, et j'organise chaque journée avec un unique objectif, celui de m'offrir la plus longue période possible de prière ininterrompue. Je demande à Valborg de ne préparer pour le soir que des repas très simples. Il me tarde qu'elle ait terminé sa tâche et pris congé.

Une fois seule, je m'installe à genoux devant mon fauteuil vert. Presque toujours, dès que j'essaie de commencer à prier, quelque chose vient me distraire, que ce soit un chien qui aboie dans la cour, l'enfant d'un voisin qui fait des gammes au piano, jusqu'au tic-tac de ma propre pendule contre le mur. Il y a aussi une barrière de gêne en moi. Dire simplement les mots mentalement ne paraît pas suffisant. Mais quand je prie tout haut, ma propre voix me semble étrange. Parfois, je me demande si mes paroles sont assez respectueuses. A d'autres moments, elles paraissent bien trop froides, bien trop guindées, comme à l'église.

Franchir cette double barrière – distractions venant du dehors et gêne venant du dedans – peut me prendre de cinq minutes à une demi-heure. Mais une fois que j'ai réussi à forcer l'obstacle, on dirait qu'une fontaine jaillit en moi; la prière commence à couler de quelque source intérieure, plus profonde que mon être conscient.

Souvent, mes prières semblent se centrer sur un thème particulier sans que ce soit un choix délibéré de ma part. Ce peut être ma famille, mes collègues ou mes élèves. Un certain soir, je cite le nom de toutes les jeunes filles de ma classe supérieure en économie domestique, me représentant chacune d'elle en face de moi. Cependant, mes prières ne se limitent pas aux personnes que je connais. Je me surprends parfois en train de prier pour des gens de pays éloignés qui ne me sont connus que par un endroit sur une carte de géographie.

Si je ne trouve pas le moyen de forcer la barrière initiale, je me tourne vers le livre des Psaumes et en lis des passages à haute voix. Les prières de David m'encouragent tout spécialement. Le Psaume 42:2 exprime la soif de mon âme que j'ai ignorée pendant si longtemps:

"Comme une biche soupire après des courants d'eau, ainsi mon âme soupire après toi, ô Dieu!"

Le Psaume 51:9 devient mon cri personnel après la pureté intérieure:

"Purifie-moi avec l'hysope, et je serai pur; lave-moi, et je serai plus blanc que la neige."

Mais un passage m'attire particulièrement; j'y reviens sans cesse:

"Fais-moi connaître tes voies, ô Seigneur; enseigne-moi tes sentiers. Conduis-moi dans ta vérité, et instruis-moi; car tu es le Dieu de mon salut, c'est à toi que je m'attends tout le long du jour" (Psaume 25:4-5).[*]

Deux semaines plus tôt, ma lecture parlait de la "porte étroite". Puis Jésus lui-même m'a ouvert la porte et me l'a fait franchir. Elle donne sur le "chemin resserré", qui est un sentier particulier de la vie préparé pour que j'y marche. Comme David, j'ai besoin de l'aide de Dieu pour le trouver.

Au cours de la deuxième quinzaine de janvier, je passe presque chaque soirée ainsi dans la prière. Et puis, un jeudi du début de février, alors que je suis encore à lutter pour franchir la barrière initiale, quelqu'un frappe à la porte. C'est inattendu! J'efface rapidement les marques de mes coudes sur le velours du siège et vais ouvrir. La visiteuse est une de mes collègues professeur, Erna Storm. Erna a l'habitude de circuler partout sur une motocyclette rouge tonitruante. C'est pour cette raison que les élèves l'ont surnommée "l'ouragan rouge".

"Je viens te demander su tu ne voudrais pas prendre mon tour de garde au réfectoire, pendant le déjeuner demain, explique Erna en s'asseyant dans le fauteuil de velours vert. J'ai pris rendez-vous pour aller avec la petite Elsa Larson chez le médecin. Elle louche terriblement et ses parents ne veulent pas qu'elle porte des lunettes.

---

[*] Version KJV

– Tiens! Et pourquoi?

– Il semble qu'ils font partie d'une secte religieuse qui croit à la guérison par la prière, et ils attendent que Dieu redresse ses yeux. Pendant ce temps, la pauvre enfant ne peut même pas lire ce qui est écrit au tableau.

– Je n'ai jamais rien entendu de pareil!

– Et ce n'est pas tout! Ils croient en des langues de feu, aux visions et à d'autres choses du même genre. Ils se donnent le nom de "pentecôtistes". Monsieur Hansen, le concierge, a une nièce qui est allée à une de leurs réunions; elle raconte qu'ils se roulent par terre et jappent comme des chiens!

– Ici? A Korsor?

– Oui. C'est vrai! Mais il y a pire! L'été, ils emmènent les gens dans le Store Baelt, même des fidèles de l'Eglise, et ils les enfoncent sous l'eau. Ils appellent cela "baptiser", comme s'ils n'avaient pas tous été baptisés étant bébés lors d'une cérémonie adéquate à l'église!"

Erna se met en arrière dans son fauteuil et promène son regard autour de la pièce.

"Nous ne t'avons pas vue beaucoup, ces jours-ci, dit-elle, à part pendant les heures de cours. Que fais-tu toute seule, pendant les soirées?"

La question d'Erna me prend à l'improviste.

"Oh! J'étudie pas mal la Bible et... je prie."

Erna me regarde, ébahie.

"Tu étudies la Bible et tu pries?... Voici un bon conseil. N'en fais pas trop, sinon tu vas finir comme mademoiselle Sonderby, et une personne de son espèce parmi les enseignants, cela suffit."

Quand Erna a pris congé, j'attends jusqu'à ce que j'entende démarrer sa moto, puis je reviens au salon et m'agenouille de nouveau. Mais la barrière paraît plus difficile que jamais à franchir. Je continue à entendre en moi les paroles de mise en garde d'Erna: "Un bon conseil... n'en fais pas trop!"

* * * * * * *

Chapitre 4

L'ensevelissement

Le lendemain soir, me voici de nouveau à genoux. Après avoir lutté en vain pour forcer l'obstacle à la prière, je me tourne vers le livre des Psaumes. Cependant, pour la première fois, cela aussi s'avère inefficace. Je lis deux ou trois Psaumes tout haut, mais ma voix sonne creux et sans vie, comme l'écho qui se répercute dans un puits vide.

Finalement, je me tourne vers le Nouveau Testament et me mets à lire au hasard, à la recherche d'un passage qui renouvellerait mon inspiration. Mes yeux tombent sur les versets d'introduction de la première épître de Jean; je commence à les lire à haute voix. Parvenue au verset quatre, qui dit que "nous vous écrivons ces choses afin que votre joie soit parfaite", j'en relis les derniers mots deux ou trois fois: "... afin que votre joie soit parfaite."

Qu'est-ce que la joie? Dieu veut-il réellement que nous soyons remplis de joie? Comme je retourne cette question dans ma tête, je sens monter en moi une émotion si intense qu'elle en devient physique; des courants chauds me traversent tout le corps. Il me faut trouver un moyen d'exprimer cette émotion que je ne vais plus pouvoir contenir. Je me lève d'un bond et commence à marcher à travers les différentes pièces de l'appartement.

Dans la cuisine, mes yeux tombent sur un balai debout dans un coin. Je le saisis au vol et commence à valser autour de l'appartement en le tenant, comme s'il était mon cavalier. J'essaie de me dire que c'est ridicule et tout à fait déplacé pour quelqu'un qui tente de prier Dieu; pourtant, je continue à danser et à virevolter dans l'appartement, jusqu'à ce que, finalement, je m'effondre, à bout de souffle, sur le canapé.

Après cinq minutes environ, j'ai suffisamment recouvré mon calme pour reprendre ma lecture là où je l'ai laissée. Avec quelques difficultés, je tiens mes sentiments en bride jusqu'à la fin du verset sept, qui dit que "le sang de Jésus, son Fils, nous purifie de tout péché".

Alors que j'arrive à la fin de cette phrase touchant la purification du péché, la joie surgit de nouveau en moi. Je ne suis plus capable de prononcer les mots que je lis et commence à bégayer en répétant chaque syllabe deux ou trois fois. Je ressens un besoin des plus intenses d'exprimer quelque chose à l'intérieur de mon être, et pourtant je n'ai pas les mots pour le faire. Je ne comprends d'ailleurs pas quelle est cette chose que j'ai besoin d'exprimer.

J'attends un moment pour que la joie s'apaise, puis retourne à ma lecture. Je lutte pour arriver au bout du verset huit, mais c'est à peine si je peux achever le verset neuf qui dit que "si nous confessons nos péchés, il est fidèle et juste pour nous les pardonner, et pour nous purifier de toute iniquité". Le mot *purifier* fait surgir la joie au point que, de nouveau, je ne peux rester assise.

Jusqu'à ce moment-là de ma vie, je n'ai jamais été particulièrement consciente de quelque péché que j'aurais commis. En fait, en me comparant aux personnes que je côtoyais, je me considérais plutôt comme quelqu'un de bien. Cependant, les paroles que je viens tout juste de lire produisent en moi une merveilleuse sensation de pureté. Je n'aurais jamais cru que quelqu'un puisse se sentir si propre. Mon être intérieur tout entier semble inondé de la plus brillante des lumières. En revoyant mon passé, je m'étonne de n'avoir encore jamais réalisé à quel point j'avais besoin du pardon de Dieu. A la lumière de ce que je vois maintenant, il n'y a pas de mot adéquat pour exprimer ma reconnaissance.

J'abandonne toute tentative de continuer à lire et vais me coucher. En attendant le sommeil, je me rappelle qu'il existe des gens et des situations pour lesquels je devrais prier; mais à chaque fois que j'essaie de le faire, voilà que je me retrouve en train de remercier Dieu de ce que je suis pardonnée et lavée de tous mes péchés. Plus je remercie Dieu, plus ma joie devient intense.

Soudain, je prends conscience de ce qui semble être une voix à l'intérieur de ma poitrine, prononçant des mots dans une sorte de langue étrangère, et cette pensée me vient: "Erna disait vrai, tu as dépassé les limites, tu es en train de perdre la raison." Je pose une de mes mains sur ma bouche pour empêcher les mots étranges de sortir, mais la pression dans ma poitrine s'intensifie.

Je ne me risque pas à parler audiblement, mais je dis mentalement: "Mon Dieu, si cette chose qui est en moi ne vient pas de toi, s'il te plaît, enlève-la!" J'attends un peu, mais la voix est toujours là. "Mon Dieu, si c'est toi qui me donnes ces mots, aide-moi à ne pas avoir peur! Aide-moi à les accepter." J'ôte ma main de devant ma bouche.

Aussitôt, les mots étranges que j'ai entendus dans ma poitrine se mettent à couler de mes lèvres et je réalise que, en fait, c'est bien moi qui parle. C'est difficile de croire que c'est ma propre voix que j'écoute. Quelle est cette langue que je parle? Je connais assez bien tant l'anglais que l'allemand. Ce n'est ni l'une ni l'autre. Ces mots, je ne les ai encore jamais entendus. Comment est-ce possible que je les articule si clairement et que je prononce des phrases dont la beauté et le rythme font penser à de la poésie?

A mesure que le flux de ce nouveau parler se prolonge, l'intense pression que je ressens en moi s'atténue. Les mots de cette langue inconnue formulent pour moi ce je ne sais quoi que j'ai en vain tenté d'exprimer dans ma propre langue. Plus les mots coulent, plus ma sensation de soulagement et de plénitude grandit. Comme une rivière en crue charrie beaucoup de débris, de même ces mots inconnus balaient les dernières barrières de crainte et de gêne.

Finalement, le flot des paroles cesse et un calme profond suit. Jamais, dans ma vie, je n'ai connu une détente aussi totale. Tant mon esprit que mon corps sont parfaitement au repos. J'ai les yeux clos et, cependant, je n'ai pas du tout sommeil.

Après un temps indéterminé, je prends conscience d'un nouveau son. Il vient de dehors, de quelque endroit situé devant moi, à une bonne distance. J'ouvre les yeux et m'assieds dans mon lit pour savoir d'où provient le son. A l'instant même, j'en ai le souffle coupé...

La pièce n'est plus sombre et le mur d'en face a disparu! Je regarde au-delà de l'endroit où se trouvait le mur, un carré d'environ soixante pieds[*] de côté, qui semble être le sommet raboteux d'un énorme rocher. La pleine lune, qui brille au fond, bat dans le ciel grave d'une ombre noire chaque crevasse et chaque fente.

Mes yeux sont captivés par une femme debout au centre de la scène. Elle ondule au rythme d'une danse aux mouvements lents et sensuels, en chantant d'une voix aiguë et claire. Sa longue robe brodée est tenue autour des hanches par une écharpe. Une jarre de terre est en équilibre sur sa tête; les mains reposent sur les hanches et les pieds sont nus. Formant un large cercle autour de la femme, des hommes sont assis, à même le rocher, jambes croisées, battant des mains au rythme de son chant. Ils portent une sorte de longue tunique sombre, et sur la tête de grands foulards blancs, flottants, retenus par des cordelettes tressées qui luisent comme de l'or dans les rayons de lune.

A ma grande surprise, je ne ressens aucune crainte. Je ne suis pas en train de rêver – cela je le sais. Je suis complètement réveillée et réellement "là". La scène qui se déroule devant moi ne ressemble à rien de ce que j'ai jamais vu, ni même entendu raconter. Pourtant, je ne me sens pas étrangère. J'appartiens à cette scène. J'en fais partie intégrante. J'essaie de saisir les mots chantés par la femme, mais sans y parvenir. Le rythme de sa danse attise mon propre amour de la danse. Je me sens pousser à entrer dans la ronde pour danser avec elle.

Soudain, la scène a disparu. Ma chambre est de nouveau sombre. Quand mes yeux se sont accoutumés au changement, je devine le contour familier de ma commode à sa place habituelle, contre le mur. Ma première réaction est de la déception; je voudrais en savoir plus à propos de ces gens qui étaient là sur le rocher inondé de lune. Qui sont-ils? De quelle race sont-ils? Pourquoi est-ce que je me sens si proche d'eux?

J'ai voyagé en Scandinavie et en Europe de l'Ouest, mais je n'ai jamais vu un peuple de ce genre. Je ne me souviens pas non plus d'avoir jamais lu quelque chose à leur sujet en histoire ou en

---

[*] Environ vingt mètres

géographie. Ils ne sont certainement pas Européens, ni d'ailleurs Orientaux ou Africains. Ma tête résonne encore du chant aigu et cristallin, mais la mélodie ne ressemble à rien qui me soit connu. C'est certainement la nuit la plus étrange de toute ma vie. Je devrais être effrayée et pourtant... et pourtant, je n'ai jamais ressenti une aussi grande paix.

Le lendemain matin, comme à son habitude, Valborg frappe à la porte de ma chambre pour ma première tasse de café. J'ai l'intention de lui dire d'entrer, lorsque soudain je réalise que ce que je prononce n'est pas du danois. La porte s'ouvre et Valborg se tient là avec mon café.

"Qu'avez-vous dit, Mademoiselle?" demande-t-elle.

Avec un effort conscient, je prépare mentalement ma réponse en danois, avant de reprendre la parole: "Valborg, quelque chose de vraiment étrange m'est arrivé hier soir." J'écoute avec attention mes propres mots et suis soulagée d'entendre que je parle de nouveau dans ma propre langue. En m'efforçant de trouver les mots justes, je décris ce que j'ai vécu, faisant promettre à Valborg de ne souffler mot à quiconque de ce qu'elle a entendu.

De nouveau seule, je me laisse tomber sur l'oreiller avec un soupir de soulagement. Je peux toujours parler danois quand je le veux! Alors me vient une autre pensée: "Peut-être ne puis-je plus parler la langue inconnue?"

"S'il te plaît, mon Dieu, que je parle aussi cette autre langue! Elle était si belle. Je ne veux pas la perdre."

Un instant, une petite boule de crainte me monte à la gorge. Puis la joie surgit de l'intérieur et la crainte s'évanouit. Tranquillement, mais très clairement, je me remets à parler dans cette langue inconnue.

A mesure que le jour s'avance, je fais une autre découverte, celle que je n'ai pas besoin de parler tout haut dans cette nouvelle langue; je peux le faire tout aussi bien mentalement. Cela me laisse libre de le faire chaque fois que j'en ai le désir, sans me soucier de ce que Valborg pourrait penser. C'est comme si ma vie avait une dimension toute nouvelle. Je n'ai plus besoin d'abandonner ce que je suis en train de faire à chaque fois que je veux prier. Je peux continuer à vaquer à mes activités quotidiennes normales, comme la préparation des cours ou la correction des copies, et cependant, intérieurement, je peux prier en même temps dans ce langage inconnu.

Le soir, dès que Valborg est partie, je me dirige vers mon siège de prière avec une ardeur renouvelée. Il me semble maintenant naturel de commencer par prier dans cette langue inconnue. Après une pause, diverses personnes me viennent à la pensée et je me retrouve en tain de prier pour elles sans effort, en danois. Je réalise alors ce qui s'est passé: le vieux combat pour franchir la barrière bloquant la prière n'est plus là! Ma nouvelle façon de prier dans cette langue inconnue m'a fait franchir l'obstacle sans le moindre effort!

La semaine suivante, un après-midi, en rentrant de l'école, prise d'une impulsion soudaine, je m'arrête dans une librairie pour m'acheter un Nouveau Testament de poche. Je me dis, en le glissant dans mon sac, que désormais je l'aurai toujours avec moi. Ma nouvelle expérience a intensifié mon désir d'étudier par moi-même les Ecritures.

Un peu plus tard dans la semaine, un soir au dîner, je vois que Valborg a quelque chose en tête.

"Vous souvenez-vous de ce que vous m'avez raconté l'autre matin, Mademoiselle, concernant la prière et le fait de parler dans une langue que vous ne compreniez pas?

– Oui, Valborg. Que veux-tu dire?

– Eh bien! Il y a des gens ici, à Korsor, qui font la même chose. Ils appellent cela "le parler en langues". Ma belle-sœur est allée à l'une de leurs réunions."

Je m'immobilise, la cuillère à mi-chemin de la bouche. En voilà une nouvelle!

Valborg continue:

"Je pense qu'on les appelle "pentecôtistes", ou quelque chose d'approchant. Ils ne vont pas à l'église. Ils se réunissent chez un homme qui s'appelle Rasmussen. Il était cordonnier, mais il est maintenant pasteur."

Pentecôtistes! Je défaille. Je me rappelle en un éclair la mise en garde d'Erna Storm. "Ils se roulent par terre et jappent comme des chiens... Ils emmènent les gens dans le Store Baelt et ils les enfoncent sous l'eau."

A cette pensée, je frissonne intérieurement. Pourtant, j'ai désespérément besoin de trouver quelqu'un qui puisse m'aider à comprendre tout ce qui m'est arrivé.

Faisant taire mes réserves intérieures, je demande à Valborg si elle pourrait m'organiser une rencontre avec monsieur Rasmussen "... en privé si possible, sans aller à l'une de leurs réunions". Quelques jours plus tard, Valborg rapporte un message des Rasmussen disant qu'ils nous invitent toutes les deux pour le café le samedi suivant, en soirée.

Samedi, après le dîner, Valborg et moi partons à vélo pour aller chez les Rasmussen. Nous dépassons le centre-ville, traversons les rails de tramway et continuons jusqu'à une série de rues étroites bordées de maisons mitoyennes. Nous tournons enfin dans une étroite impasse. C'est la dernière maison sur la gauche. Nous frappons. Un homme nous ouvre; il est petit et grassouillet, en manches de chemise.

"Je suis le pasteur Rasmussen, dit-il en tendant une main calleuse témoin de nombreuses années passées à travailler à l'établi. Bienvenue chez nous!"

Au moment où sa main touche la mienne, la chaleur de son accueil fait tomber en moi toute réserve et, avant de l'avoir réalisé, j'ai dit quelques mots dans la langue inconnue. A l'instant, son sourire s'épanouit davantage et la pression de sa poignée de main augmente.

"Entrez, dit-il, nous comprenons tout à ce sujet! Esther sera heureuse de faire votre connaissance."

Avant que je n'aie le temps d'être intimidée, Valborg et moi sommes assises côte à côte sur le canapé des Rasmussen. Le pasteur est sur une chaise, devant la cheminée, tandis que sa femme se balance doucement dans le fauteuil à bascule en bois. Les meubles sont vieux et fatigués, mais tout est impeccable.

"Donc, Dieu vous a baptisée du Saint-Esprit, reprend le pasteur Rasmussen. Comment est-ce arrivé?

– Est-ce que c'est cela? Je savais que quelque chose m'était arrivé, mais je ne savais pas comment l'appeler."

Je décris mon expérience d'il y a deux semaines avec le langage inconnu.

"Loué soit le Seigneur! s'exclame madame Rasmussen. Dieu commence vraiment à déverser son Esprit ici, dans Korsor.

– Voulez-vous dire qu'il y a d'autres personnes, à Korsor, qui ont eu le même genre d'expérience?

– Oh oui! Il y a environ vingt personnes qui se réunissent dans notre maison chaque dimanche pour étudier la Bible ensemble, dit le pasteur Rasmussen en prenant une Bible recouverte de cuir usé sur la cheminée. Vous voyez, la chose même qui vous est arrivée est décrite ici, dans le livre des Actes (il pose un doigt trapu sur la page).

"Et ils furent tous remplis du Saint-Esprit, et se mirent à parler en d'autres langues, selon que l'Esprit leur donnait de s'exprimer" (Actes 2:4).

– Vous croyez réellement que c'est ce qui m'est arrivé?

– Sans aucun doute, répond-il. Dieu vous a remplie de son Saint-Esprit et vous a donné une nouvelle langue pour prier et adorer.

– Une nouvelle langue... Mais pourquoi ai-je besoin d'une autre langue en plus du danois?"

Le pasteur recommence à tourner les pages de la Bible.

"Paul l'explique dans 1 Corinthiens 14... Ici, au début, il écrit que quand une personne parle dans une langue inconnue, elle dit des mystères, qui sont des choses trop profondes à comprendre pour son intelligence. Un peu plus loin, il affirme que, lorsque vous priez dans une langue inconnue, ce n'est pas votre intelligence qui est en prière, mais votre esprit (voir les versets 2 et 14).

– Monsieur le pasteur, voulez-vous me dire qu'il y a en moi quelque chose de plus profond que mon intelligence, quelque chose qui a besoin de parler directement à Dieu, sans avoir à passer par le goulet d'étranglement de mon intelligence?

– C'est juste, sœur Christensen; c'est exactement ça. Le pasteur Rasmussen frappe sa Bible avec enthousiasme contre sa poitrine. C'est votre esprit et non votre intelligence qui a été créé pour une communion personnelle directe avec Dieu, et il ne pourra jamais être pleinement satisfait avec quoi que ce soit de moindre."

Pendant un instant, l'exaltation du pasteur me trouble. De plus, personne avant cela ne s'est jamais adressé à moi en m'appelant "sœur"! Mais, en revoyant ma vie passée, son explication s'éclaire. Des années durant, j'ai cultivé mon intelligence – par les études et les voyages, par la littérature, l'art et la philosophie – et pourtant toujours quelque chose me manquait, quelque recoin de mon être n'était jamais satisfait. Ne serait-ce pas ce que le pasteur appelle mon "esprit"? Et cette étrange nouvelle joie intérieure qui ne cesse de remonter en bouillonnant, ne viendrait-elle pas de mon esprit et non du siège de mon intelligence?

Madame Rasmussen apporte le café pendant que son mari continue sa démonstration.

"Voici un autre verset qui explique ce que Dieu est en train de faire aujourd'hui:

> "Dans les derniers jours, dit Dieu, je répandrai de mon Esprit sur toute chair; vos fils et vos filles prophétiseront, vos jeunes gens auront des visions..." (Actes 2:17)

– Des visions! (Mon exclamation est involontaire. Je revois la femme dansant sur le rocher.) Je pense que ce doit être..." Mais je m'interromps; j'ai déjà trop parlé de moi-même à ces gens!

Heureusement, le pasteur Rasmussen ne semble pas avoir remarqué mon interruption. Durant les deux heures suivantes, il continue à tourner les pages de sa Bible, allant du Nouveau Testament à l'Ancien, puis revenant au Nouveau. Il en use avec la Bible tout entière, comme si elle était le journal quotidien, comme si elle venait d'être écrite le jour même. Il explique des choses dont je n'ai jamais entendu parler malgré tout le temps passé à l'église. Je ne cesse de m'émerveiller de ce qu'un simple cordonnier puisse avoir appris tant de choses dans les textes bibliques.

Le lendemain matin, en lisant le journal du dimanche, j'arrive à un article, sous la rubrique église, intitulé "Qui est le Saint-

Esprit?" L'auteur, Johannes Neergaard, est pasteur d'une église luthérienne de Copenhague; c'est un érudit de renommée nationale. Obéissant à l'impulsion du moment, je me mets à lui écrire pour lui demander une entrevue personnelle. A ma surprise, la réponse arrive par retour du courrier me proposant un rendez-vous pour le vendredi suivant, 25 février, à quatorze heures.

Le vendredi venu, je prends le train pour Copenhague – distante d'environ soixante miles –, puis un taxi me conduit directement à l'église. Un secrétaire m'introduit dans le bureau du pasteur Neergaard. Celui-ci est un homme plutôt corpulent, approchant la soixantaine. Son costume noir d'ecclésiastique est souligné par un col blanc clérical. Les cheveux sont gris argent. Des étagères remplies de livres garnissent deux des murs du bureau, du plancher au plafond.

Je commence:

"Monsieur le pasteur, quelque chose m'est arrivé que je ne comprends pas.

– Quelque chose vous est arrivé, ma petite demoiselle? (Apparemment, il me prend pour beaucoup plus jeune que je ne suis. On perçoit une sollicitude toute paternelle dans sa voix.) Vous avez des ennuis?

– Oh! non, pas du tout... J'étais en train de prier dans mon lit, une nuit, et j'ai ressenti une joie merveilleuse. Et puis... eh bien!.. cette autre voix est montée en moi et j'ai commencé à parler... des mots que je ne comprenais pas... toujours priant Dieu... mais sans comprendre ce que je disais."

Je fais une pause et attends anxieusement la réaction du pasteur. A ma grande surprise, il n'est pas du tout interloqué.

"Ah! maintenant je vous comprends, dit-il. Il me semble que vous avez été baptisée du Saint-Esprit. Mais il ne faut pas en avoir peur. Ma femme et moi avons tous les deux fait la même expérience. Naturellement, ces choses sont étranges pour nos bons paroissiens; c'est pourquoi nous devons faire attention à ce que nous disons dans nos cultes publics."

Je pousse un soupir de soulagement. Le pasteur Neergaard dit exactement la même chose que le pasteur Rasmussen. Mais il m'est beaucoup plus facile de me sentir proche du pasteur Neergaard, car son milieu ressemble davantage au mien. Je n'ai pas besoin, après tout, de me croire être un cas à part, extravagant.

"Et maintenant, ma petite demoiselle, continue le pasteur, je tiens à vous avertir (il me menace du doigt d'une manière toute paternelle) de faire attention à tous ces barbotages dans l'eau."

Pendant quelques instants, je ne le suis plus. Puis je me rappelle les paroles d'Erna Storm: "... ils emmènent les gens dans le Store Baelt..."

"Des barbotages dans l'eau, monsieur le pasteur? Voulez-vous dire: emmener les gens dans l'eau et... et les baptiser?

– Non, pas les baptiser, jeune fille, mais les rebaptiser."

Le pasteur souligne le "re" avec emphase. Il continue en expliquant qu'il existe certains groupes, "des groupes qui créent des divisions, vous comprenez", qui, à l'heure actuelle, prennent des membres de l'Eglise luthérienne et les forcent à se faire immerger dans l'eau, comme si un baptême ne suffisait pas!"

A ce point de l'entretien, quelque chose de tout à fait inattendu m'arrive. Sans que je fasse le moindre effort mental, des paroles des Ecritures, lues ces deux derniers mois, me viennent à la pensée comme des flashs: des expressions, des phrases, des passages entiers concernant le baptême, alors que je n'ai fait aucun effort conscient pour les étudier, encore moins pour les mémoriser.

"Mais, monsieur le pasteur, le Nouveau Testament ne dit-il pas que les gens qui étaient baptisés descendaient tous dans l'eau? Pourquoi auraient-ils fait cela juste pour qu'on leur asperge quelques gouttes d'eau sur le front?

– Vous parlez du premier siècle de notre ère, réplique le pasteur, mais dix-huit siècles se sont écoulés depuis." Et il se met à décrire les grandes lignes des différentes évolutions de la doctrine tout au long des siècles, expliquant comment elles se sont intégrées dans les traditions de l'Eglise. Puis il conclut:

"Devrions-nous maintenant laisser de côté la sagesse et l'expérience de dix-huit siècles?

– Mais, monsieur le pasteur, supposez que nos traditions ne

concordent pas avec les Ecritures? Jésus n'a-t-il pas dit aux chefs religieux de son temps que par leurs traditions ils réduisaient à néant la parole de Dieu? Et c'est bien lui qui a également dit que "celui qui croira et qui sera baptisé sera sauvé..." (Marc 16:16). Cela ne veut-il pas dire qu'il nous faut *croire d'abord*, et ensuite être baptisés?"

Je suis stupéfaite de ma propre hardiesse, et je me rends compte que le pasteur Neergaard est en train de perdre contenance. Le ton de sa voix n'est plus du tout paternel.

"Madame, dit-il, pour tout luthérien, ces questions ont été réglées une fois pour toutes. Votre baptême, lorsque vous étiez bébé, a été validé par la foi de vos parents, et ensuite, à la confirmation, vous l'avez scellé par votre propre foi."

La foi de mes parents? Ma propre foi? Je ne suis sûrement pas qualifiée pour argumenter avec un éminent théologien, mais ses paroles suscitent en moi toute une série de questions. Quelle mesure de foi mes parents avaient-ils réellement lors de mon baptême? Si un acte aussi important dépendait de leur foi, c'est crucial pour moi d'avoir la réponse à cette question-là. Et, bien plus important encore, quelle mesure de foi avais-je moi-même quand j'ai confirmé? J'ai fait ma confirmation principalement pour plaire à ma famille et à l'Eglise. Ai-je jamais su ce qu'était réellement la foi avant ces dernières semaines?

Finalement, le pasteur me reconduit jusqu'aux marches de l'église et me donne là son dernier conseil:

"Permettez-moi de vous exhorter à prendre le temps de la réflexion avant de parler ou d'agir. Sans aucun doute, beaucoup des membres de nos églises n'ont pas la foi qu'ils devraient avoir, mais il nous faut être patients et avoir cette confiance qu'ils verront progressivement plus de la vérité. Après tout, Rome n'a pas été bâtie en un jour!"

Dans le train du retour, seule dans un compartiment de première classe, je me mets à me faire des reproches. Ai-je été coupable d'arrogance, peut-être même d'insolence, en remettant en question les traditions de l'Eglise? Qui suis-je pour me permettre cela? De plus, le pasteur Neergaard est un théologien nationalement reconnu. Je suis moi-même stupéfaite des arguments que j'ai avancés. D'où me venaient-ils? Je n'avais encore jamais de ma vie parlé à personne de cette façon.

Pourtant, je ne peux échapper maintenant à la logique de mes propres arguments. Les questions que j'ai soulevées exigent une réponse. Si je ne les obtiens pas du pasteur, alors je dois les trouver moi-même. Qu'est-ce que le Nouveau Testament enseigne réellement au sujet du baptême? Je me remémore quelques paroles de Paul qui ont fait une profonde impression sur moi, il y a quelques jours. Je sors mon Nouveau Testament de poche et me mets à le feuilleter jusqu'à ce que je trouve les versets en question

> "Nous qui sommes morts au péché comment vivrions-nous encore dans le péché? Ignorez-vous que nous tous, qui avons été baptisés en Jésus-Christ, c'est en sa mort que nous avons été baptisés? Nous avons donc été ensevelis avec lui par le baptême en sa mort; afin que, comme Christ est ressuscité des morts par la gloire du Père, de même nous aussi nous marchions en nouveauté de vie" (Romains 6:2-4).

Je relis ces versets plusieurs fois. Trois expériences ressortent clairement: la mort, l'ensevelissement et la résurrection. Ce sont trois pas successifs dans notre identification à Christ. Je commence à évaluer ma propre expérience d'après ce modèle. J'examine la vie que j'ai menée jusqu'à ces dernières semaines. Y a-t-il jamais eu quelque chose pendant toutes ces années que j'aurais pu vraiment appeler une "mort au péché", suivie par un ensevelissement et une résurrection? Même avec le plus grand effort d'imagination, je ne pourrai trouver quoi que ce soit, qui me soit arrivé dans l'enfance, l'adolescence ou après, qui puisse s'appliquer à ces mots.

La logique me conduit à une conclusion que j'ai plutôt du mal à accepter. Le baptême est un ensevelissement de l'ancienne manière de vivre et une résurrection à un nouveau mode de vie. Cela est clair. Il est pareillement évident que je n'ai moi-même jamais fait l'expérience d'un ensevelissement ou d'une résurrection de cette sorte. Par conséquent... quoi? Il n'y a qu'une conclusion possible, celle que je n'ai jamais été baptisée.

Je me répète lentement les paroles de Jésus que j'ai déjà citées au pasteur Neergaard: "Celui qui croira et qui sera baptisé sera sauvé." Je sais, sans l'ombre d'un doute, que maintenant *je crois*. Que me reste-t-il à faire sinon le fait d'être baptisée? Dans mon appartement, le jour où Jésus m'est apparu, j'ai fait une promesse à Dieu: "Si tu me montres que Jésus est réellement vivant, je le suivrai." Dieu a répondu à ma prière. Je ne vais pas avoir l'audace, maintenant, de revenir sur ma promesse.

A qui m'adresser pour le baptême? Je ne connais qu'une personne: le pasteur Rasmussen. Mais supposons que quelqu'un, à Korsor, le découvre! Les nouvelles circulent vite dans les petites communautés cancanières. Il n'est pas difficile d'imaginer ce qui pourrait s'ensuivre.

Le Danemark est probablement la nation la plus complètement luthérienne de la terre. L'Eglise luthérienne est l'Eglise de l'Etat. Plus de quatre-vingt-dix pour cent des quatre millions de Danois en sont membres. En matière de religion, l'école où j'enseigne, comme toute école de l'Etat, est placée sous la juridiction de l'Eglise. Comment les autorités ecclésiastiques réagiraient-elles envers un professeur baptisé par un pasteur pentecôtiste?

Et que dire de mes collègues professeurs? Dans une ville comme Korsor, nous, les professeurs, formons un petit groupe privilégié, observé par le reste de la communauté. Que je sois associée, ne serait-ce que par l'acte du baptême, avec les pentecôtistes méprisés serait considéré par mes collègues comme une trahison du niveau social et intellectuel associé à notre profession. Je sais déjà comment Erna Storm réagirait. Mais qu'en serait-il de Soren et des autres collègues dont je chéris le respect et l'amitié?

Que dois-je faire? Dans une prière silencieuse, je murmure ces mots que j'ai lus si souvent dernièrement: "Enseigne-moi ta voie, ô Seigneur" (voir Psaume 25:4). Un coup d'œil par la fenêtre me montre que le train approche de Korsor. Au moment où il s'arrête en grinçant, je sais que ma décision est prise: *j'irai directement voir le pasteur Rasmussen pour lui demander de me baptiser.*

Je reprends mon vélo dans la cour de la gare et me mets en route pour la maison des Rasmussen. Tout le long du trajet, mes craintes m'accompagnent: "Tu vas perdre Soren; tu vas perdre ton travail; tu vas sacrifier tout ce pour quoi tu as travaillé pendant toutes ces années."

Alors des paroles m'arrivent d'une source inattendue, c'est-à-dire du livre d'histoire que nous utilisons en classe. Ironie de la situation, ce sont des paroles de Luther lui-même lorsqu'il répondait au tribunal religieux qui le mettait en accusation: "Me voici devant vous, lié par ma conscience. Je ne puis faire autrement." Et moi, pareillement, j'en suis arrivée au point qu'il me faut répondre devant ma propre conscience.

Les Rasmussen sont manifestement surpris de me voir, mais leur accueil est chaleureux.

"Pasteur Rasmussen, je veux être baptisée... vraiment baptisée. Pourriez-vous faire cela pour moi?

– Eh bien! dit-il, nous sommes en train de construire une salle de réunions avec un baptistère, et dès qu'il sera prêt nous projetons d'organiser un service de baptêmes. Nous pouvons vous inscrire pour être baptisée à ce moment-là.

– Mais, d'ici-là, il se peut que je n'en aie plus le courage. Plus j'attendrai, plus ce sera difficile."

Le pasteur se frotte le menton en réfléchissant.

"Durant l'été, nous baptisons quelquefois dans le Store Baelt; mais, en cette saison, ce ne serait pas possible."

Il demeure silencieux un moment, puis se tourne vers sa femme:

"Pourrions-nous emprunter une baignoire, Esther, et la placer dans la cuisine?

– Pourquoi pas? répond-elle. Je suis sûre que madame Svensen nous prêterait la sienne."

Le pasteur revient à moi.

"Cela irait-il? Seriez-vous d'accord d'être baptisée dans notre cuisine... dans une baignoire?

– Peu m'importe où, pourvu que ma vie ancienne soit réellement ensevelie!

– Voyons, continue le pasteur, aujourd'hui nous sommes

vendredi. Revenez demain vers dix-huit heures. La baignoire, installée dans la cuisine, vous attendra."

Le lendemain soir, je me présente chez les Rasmussen à l'heure fixée. Madame Rasmussen m'aide à passer une longue chemise de nuit blanche et m'introduit dans la cuisine. Au centre, sur le sol pavé, il y a une grande baignoire de zinc remplie d'eau.

"Nous l'avons tiédie pour vous", m'assure-t-elle.

Quelques femmes de pêcheurs du quartier sont là comme témoins de la cérémonie. J'ai un choc en reconnaissant l'une d'elles, la mère d'un de mes élèves. Jusqu'à cet instant, j'avais secrètement espéré que ce que je faisais n'aurait pas à être rendu public. Maintenant, je sais qu'en quelques jours cela sera communiqué à l'école tout entière, aux professeurs comme aux élèves.

Mon regard capte les détails de la scène: les étagères et les plans de travail vides sont scrupuleusement propres, mais usés par des années de récurage; deux grandes poêles à frire noires sont suspendues à des clous au-dessus du fourneau où une bouilloire continue à chuchoter doucement. Le seul ornement est une planche à pain en bois fixée contre un mur, où sont peintes ces paroles: "Donne-nous aujourd'hui notre pain quotidien."

Je sens mes pieds nus s'engourdir de froid sur le sol de pierre sans tapis. Impossible d'imaginer une scène qui tranche plus vivement avec tout ce qui m'est habituel. Personne, si ce n'est Dieu lui-même, ne peut avoir opéré une rupture aussi totale. Par cet acte symbolique unique, je suis en train de renoncer à tout mon héritage social, culturel, intellectuel et religieux.

Une fois encore, je pèse les conséquences de ce que je m'apprête à faire. Suis-je vraiment d'accord de renoncer à être acceptée par ceux que j'ai connus tout au long de ma vie, d'être une étrangère au milieu de mon propre peuple à partir de cet instant et... pour toujours? Cependant, c'est ce que j'ai moi-même demandé... d'être "ensevelie". Quelle mesure de sa vie passée quelqu'un pourrait-il emporter dans la tombe? C'est seulement maintenant que je réalise à quel point cet acte va être vraiment vécu comme un ensevelissement.

La cérémonie elle-même est brève et simple. Nous nous tenons en cercle autour de la cuisine, en face les uns des autres. Le pasteur Rasmussen lit quelques paroles de Jésus dans Matthieu:

"... si quelqu'un veut venir après moi, qu'il renonce à lui-même, qu'il se charge de sa croix, et qu'il me suive. Car celui qui voudra sauver sa vie la perdra, mais celui qui la perdra à cause de moi la trouvera" (Matthieu 16:24-25).

Le pasteur ferme sa Bible et présente une prière, mais mon esprit est incapable de la suivre. Je suis saisie par les paroles de Jésus qu'il vient de lire: "Celui qui perdra sa vie... la trouvera." Je vois que mon baptême, ce soir, est la première partie d'un échange. Je suis en train de *perdre* ma vie, telle que je l'ai connue jusqu'à maintenant. En retour, il existe une autre vie qui s'ouvre devant moi, que je vais avoir à *trouver.*

Quand le pasteur a terminé sa prière, je prends place dans la baignoire en position assise et je l'entends dire: "Sur la confession de votre foi, je vous baptise en la mort et la résurrection de Christ. Au nom du Père, du Fils et du Saint-Esprit. Amen!"

Il me pousse alors doucement, mais fermement, en arrière jusqu'à m'immerger dans l'eau, m'y maintient quelques instants et me relève.

Assise dans la baignoire, avec l'eau qui ruisselle sur le visage, je n'ai plus conscience de ce qui m'entoure. Une seule chose compte à cet instant, celle que mes craintes et mes luttes sont terminées! A leur place, une paix profonde est venue habiter et remplir mon cœur. C'est le témoignage de Dieu lui-même, le signe qu'il approuve mon acte. Dans les jours qui viennent, je pourrai m'accrocher fermement à cette assurance. *J'ai fait ce que Dieu m'a demandé.*

* * * * * * *

Chapitre 5

Le message du docteur Karlsson

Dès le milieu de la semaine suivante, la nouvelle de mon baptême a fait le tour de l'école. La réaction des élèves est immédiate et visible, plus que celle des professeurs. Quand je traverse la cour, je suis saluée par des "Alléluia!" stridents. En approchant de ma salle de classe, il m'arrive d'entendre le bruit d'une discussion animée. Quand j'entre, les voix s'éteignent et un silence anormal s'établit, rompu seulement par de petits rires nerveux et étouffés. Un jour, je trouve un "alléluia" griffonné en lettres majuscules en travers du tableau, sur toute sa largeur, par une main enfantine.

Le comportement de mes collègues professeurs est moins manifeste, mais plus blessant. Je réalise bientôt qu'ils ne souhaitent pas qu'on les voie en ma compagnie pour franchir la cour de l'école; ou ils se dépêchent de traverser avant moi en faisant semblant de ne pas m'avoir vue, ou ils trouvent quelque prétexte pour s'attarder et tourner dans une autre direction jusqu'à ce que j'aie traversé toute seule. Quand j'entre dans la salle des professeurs, le silence tombe subitement, puis tout le monde se remet à parler plutôt fort de choses banales.

Un après-midi, après mon dernier cours, je trouve Soren qui m'attend dans le couloir:

"As-tu un moment?

– Bien sûr! Nous ne nous sommes pas beaucoup vus ces derniers temps." D'un même pas, nous nous dirigeons lentement vers la cour.

"Puis-je te poser franchement une question?"

Soren marque un arrêt et, voyant que je ne fais pas d'objection, il poursuit:

"Toute cette affaire au sujet... (il hésite, puis se force à prononcer le mot)... du baptême... cela fait-il partie de ta recherche de la vérité?

– Tu peux l'appeler ainsi, je pense. Tu vois, quand tu cherches la vérité et que tu crois l'avoir trouvée... eh bien!... alors tu es confronté au défi de lui obéir!

– La vérité...? N'est-ce pas ce que chaque groupe religieux prétend avoir trouvé?"

Comme je ne réponds pas, il continue:

"Sais-tu qu'Erna Storm met au point une pétition réclamant ta démission de ton poste de professeur?"

Nous sommes arrivés près de la cour de l'école. Je m'arrête un moment pour donner à Soren l'occasion de traverser avant moi. Cependant, et c'est tout à son honneur, il est décidé à relever le défi avec moi. A mi-chemin nous arrivent les cris habituels: "Alléluia!"

"Cela ne te trouble-t-il pas? demande Soren.

– Eh bien! je ne peux pas dire que cela me fasse plaisir, mais c'est un petit prix à payer pour ce que j'ai trouvé.

– Qu'est-ce que c'est, Lydia?

– Le bonheur, Soren, un vrai bonheur au plus profond de moi, en dépit de ce que peuvent dire, ou faire, les gens. J'ai l'impression d'être le marchand de la parabole de Jésus qui a trouvé une perle unique, mais si précieuse qu'il a vendu tout ce qu'il avait pour l'acheter." (Et j'ajoute en moi-même, au moment où le regard interrogateur et troublé de Soren rencontre le mien: "Peut-être même nos chances de bonheur ensemble.")

Je suis dans l'attente de la réaction officielle des autorités ecclésiastiques. Elle n'est pas longue à venir. Le 9 mars, je suis convoquée au bureau du pasteur luthérien qui est responsable de toutes les questions de religion à l'intérieur de l'école. Il me demande d'expliquer pourquoi je me suis fait baptiser, ce que je tente de faire du mieux que je peux.

A partir de ce moment-là, mon cas est soumis à la plus haute autorité ecclésiastique, connue sous le nom de "prévôt". Dans le délai réglementaire, je suis convoquée à son bureau dans la ville voisine de Slagelse, et une fois de plus on m'oblige à rendre compte de ma conduite.

Le prévôt me considère manifestement comme une de ses brebis qui s'est égarée:

"Pourquoi ne vous êtes-vous pas adressée à moi d'abord, avant de faire une chose pareille?

– Monsieur le Prévôt, j'ai fréquenté l'église pendant des années, mais à chaque fois j'en ressortais plus désemparée qu'en y entrant. Finalement, j'ai eu le sentiment qu'il n'y avait personne vers qui se tourner, excepté vers Dieu lui-même.

– Chaque génération croit qu'elle a le monopole de la vérité, n'est-ce pas? soupire le prévôt. Je ne serais pas surpris que vous pensiez aussi avoir un appel missionnaire. Moi-même je le pensais, quand j'avais votre âge.

– Mais peut-être qu'en effet vous aviez réellement un..." Je m'interromps devant l'expression de ses yeux. Est-ce de la colère ou est-ce de la panique? Est-ce un blâme ou une supplique? En tout cas, je sais que j'ai trop parlé.

Pendant plusieurs jours, je ne peux oublier ce que j'ai vu dans les yeux du prévôt. Voilà un homme qui réussit dans sa profession, qui est respecté par sa communauté, qui cherche consciencieusement à servir Dieu et ses semblables. Pourtant, son regard troublé me rappelle celui de Soren. Le prévôt lui-même n'aurait-il pas trouvé ce quelque chose de plus qui semble bien être la chose la plus importante de toutes dans la vie? Pourquoi fallait-il qu'il parle d'un appel missionnaire? Je ne comprends pas le sens de cette expression, et pourtant je ne peux la chasser de ma pensée.

Entre-temps, mon histoire est reprise par la presse locale, puis nationale. En rentrant de l'école un après-midi, je trouve sur ma table un exemplaire du *Matin*, quotidien national danois ayant le plus fort tirage.

"Je voulais vous montrer ce journal, Mademoiselle, me dit Valborg. Il y a un article sur vous, en plein sur la page du milieu."

Pas de doute! Un titre occupe toute la largeur de la page: **UNE PERSONNE PARLANT EN LANGUES PEUT-ELLE RESTER PROFESSEUR DANS UNE ECOLE D'ETAT?** L'auteur fait grand cas de ma relation avec les pentecôtistes, qu'il traite de "secte d'origine récente, sans enseignement formel ni théologie". Cependant, son attitude envers mon cas n'est pas entièrement défavorable. Il soulève la question de savoir jusqu'à quel point l'Eglise luthérienne a le droit de dicter les croyances religieuses personnelles des professeurs dans les écoles de l'Etat.

"Ce doit être terrible, dit Valborg, de savoir que tout le monde parle de vous comme ça, à travers tout le pays.

– D'un côté, c'est vrai, Valborg. Pourtant, cela m'aide à comprendre un verset qui m'a intriguée quand je l'ai lu pour la première fois: "Heureux ceux qui seront persécutés pour la justice." A ce moment-là, je ne pouvais pas comprendre comment quelqu'un pouvait être heureux pour une telle chose. Mais au milieu de toutes les critiques et de l'opposition, j'ai une joie et une paix que je ne connaissais pas.

Après cela, à chaque fois qu'on parle de moi dans le journal, Valborg m'en procure un exemplaire et observe anxieusement ma réaction. Pendant quelques semaines, mon cas est débattu en long et en large dans la presse. Des personnalités éminentes, de dimension nationale, exposent leurs arguments; les uns sont pour moi, les autres contre. Cependant, il semble se dégager une opinion générale, celle de devoir permettre aux enseignants des écoles de l'Etat une plus grande liberté individuelle concernant leurs opinions religieuses.

Au début du mois d'avril, monsieur Pedersen, directeur de l'école, m'envoie chercher. C'est sur sa recommandation principalement que j'ai obtenu mon poste de directrice des sciences en économie familiale, et je sais qu'il est satisfait de la façon dont j'ai dirigé ma section.

"Mademoiselle Christensen, dit-il, je dois vous informer que votre cas a été soumis au ministre de l'Education à Copenhague; ce dernier va en discuter au Parlement. Une fois arrivé là, personne ne sait combien de temps il faudra pour parvenir à une décision. Cependant, je vous tiendrai au courant des développements."

Puis il ajoute, sur un ton plus personnel: "Je suis sûr que tout va bien se terminer." Je le remercie tout en me demandant sur quoi il peut bien fonder sa confiance.

Maintenant, les pentecôtistes ont terminé leur salle de réunions et il me semble juste de commencer à fréquenter leurs services. Les Rasmussen font du mieux qu'ils peuvent pour que je sois bien accueillie, mais je ne me sens pas acceptée comme je l'avais espéré par les membres de leur congrégation. Quels que soient mes efforts pour m'assimiler, je suis quand même "différente". Toutes les femmes portent des vêtements tellement quelconques qu'elles n'ont pas la moindre élégance. Quand j'assiste aux réunions, je mets mes robes les plus ordinaires. Mais ce n'est pas assez. Toutes les chrétiennes semblent porter des bas sombres. Les miens sont trop clairs. A contrecœur, j'achète deux paires de vilains bas noirs.

Mon langage aussi pose problème. Je suis trop "bien éduquée". Avoir de l'éducation, c'est "mondain". Les différences venant de mon milieu intellectuel et social prennent plus d'importance pour eux que pour moi. Les premières fois que je prie tout haut dans une réunion, une sorte de silence désapprobateur sombre sur les assistants.

De retour chez moi après l'une de ces réunions, je fais le point sur ma situation. Mes collègues professeurs ne souhaitent plus avoir de relation avec moi, l'Eglise luthérienne me considère comme une apostate, les pentecôtistes ont des réticences à m'accepter comme l'une des leurs, le grand public dans tout le pays discute de mon cas et le Parlement va décider de mon avenir de professeur. Il est difficile de comprendre comment tout cela s'est développé à partir de ma simple découverte personnelle que Christ est vivant et que la Bible vraie.

Peu avant Pâques, je reçois une lettre brève mais poignante de maman: "Tous nos amis parlent de toi... notre pasteur est venu me voir... Je ne comprends pas pourquoi il te fallait faire une chose pareille."

Je passe le week-end de Pâques à la maison de maman à partager avec elle tout ce qui m'est arrivé.

"Tu sais, je n'ai pas étudié ces questions moi-même, dit-elle finalement. Tout ce que je veux, c'est être sûre que tu n'as pas fait quelque chose de mal.

– Maman, je te l'assure, c'est la meilleure chose qui me soit jamais arrivée de ma vie!"

Vers la fin du mois de juin, je suis de nouveau convoquée au bureau de monsieur Pedersen. Dès mon entrée dans son bureau, il se lève en me tendant une lettre pour que j'en prenne connaissance. "C'est la réponse du Ministère de l'éducation concernant votre cas."

Je sens que mon cœur se met à battre plus vite. J'ai prié pour que la volonté de Dieu soit faite, mais maintenant que le moment est venu, je réalise à quel point ma situation dans l'école a de l'importance pour moi.

Monsieur Pedersen continue: "Le ministre de l'Education vous a accordé la permission de rester professeur si vous êtes d'accord de signer cette déclaration." Il me tend une feuille avec l'en-tête officiel du Ministère de l'éducation.

Je lis soigneusement la déclaration d'un bout à l'autre. Puis, sans un mot de plus, je prends la plume sur le bureau de monsieur Pedersen et signe.

"Un instant, proteste-t-il. N'allez pas si vite! Vous avez attendu cette décision pendant des mois et maintenant vous la signez sans connaître ce qu'elle dit.

– Oh non! J'ai bien vu ce qu'elle dit. Elle déclare que je n'entreprendrai pas d'influencer les enfants en ce qui concerne le baptême des bébés et que si je voulais dire quelque chose aux enfants, ce ne serait pas au sujet du baptême des bébés, mais au sujet du baptême des croyants."

Monsieur Pedersen semble soulagé: "Vous savez, Mademoiselle Christensen, dit-il, je n'ai jamais étudié cette question, mais j'ai remarqué quelque chose de nouveau chez vous ces derniers mois... une sorte d'état de contentement, dirais-je. Dites-moi, est-ce mal de vous envier?"

Extérieurement, ma situation de professeur à l'école est de nouveau assurée comme avant. J'ai ouvertement jeté un défi tant à l'autorité de l'Eglise d'Etat qu'à sa théologie, et le Parlement national m'a, en fait, soutenue. Intérieurement, cependant, un changement qui n'est pas modifié par la décision du Parlement s'est produit en moi. Par l'acte du baptême, j'ai perdu ma vie ancienne. Il y a là une finalité qu'on ne peut changer. Il semble que je dois maintenant commencer à planifier une nouvelle vie qui remplacera l'ancienne. Mais comment m'y prendre? Je n'en ai pas la moindre idée.

Par les Rasmussen, j'entends parler de grandes églises pentecôtistes en Suède, vers lesquelles des gens d'autres pays européens viennent fréquemment pour un conseil spirituel. Peut-être est-ce de ce côté-là que je devrais chercher de l'aide. Je décide de consacrer mes vacances d'été à ce but.

Je m'embarque pour le sud de la Suède au début du mois d'août et voyage vers le nord par étapes jusqu'à Stockholm, en visitant en chemin les églises pentecôtistes des différentes villes. Il n'y a heureusement pas de barrière de langage. Les langues danoise et suédoise sont suffisamment proches pour qu'un Danois et un Suédois puissent converser ensemble, chacun parlant dans sa propre langue, mais comprenant celle de l'autre.

J'atteins Stockholm vers la mi-août et m'installe dans un hôtel près du centre-ville. Un jour, vers midi, en observant par la fenêtre le carrefour qui grouille de monde en contrebas, je suis captivée par le flot des gens et le trafic incessant passant dans tous les sens. Tous ces gens allant dans tant de directions différentes! Et cette question me vient: "Cela ne fait-il aucune différence pour quelqu'un qu'il prenne une direction ou une autre, ou bien n'y a-t-il pour chacun qu'un seul chemin qui soit le bon chemin?"

Le dimanche matin, je me rends à l'église pentecôtiste la plus important de Stockholm. L'adoration de cette grande assemblée est inspirante, et la prédication est claire et puissante, mais je ne reçois aucune réponse à ma recherche personnelle. Il nous est annoncé que le prédicateur pour le soir même sera un missionnaire du Congo, Bengt Karlsson.

Je me rends à ce service avec un sentiment de frustration. Trois semaines se sont écoulées depuis que je suis en Suède; j'ai visité une demi-douzaine d'églises et je dois reprendre le chemin du Danemark demain. Pourtant, je ne suis pas plus près d'avoir trouvé ce que je suis venue chercher en Suède qu'à mon arrivée, et je ne peux pas voir comment une causerie sur les activités d'une mission au Congo pourrait m'aider.

Comme texte d'introduction, Bengt Karlsson cite un passage de l'apôtre Paul:

> "Car nous sommes son ouvrage, ayant été créés en Jésus-Christ pour de bonnes œuvres, que Dieu a préparées d'avance, afin que nous les pratiquions" (Ephésiens 2:10).

Il applique ces paroles à sa propre vie, décrivant les étapes qui l'ont conduit du sud de la Suède, où il exerçait la médecine avec succès, au Congo, dans une région de jungle primitive.

Mais je ne l'entends plus. Le décor qui m'environne s'estompe. Les dernières paroles du texte d'introduction résonnent encore et encore dans ma pensée: "De bonnes œuvres que Dieu a préparées d'avance afin que nous les pratiquions." Peu à peu, leur sens devient clair: *Dieu a déjà assigné à chacun de nous une tâche particulière dans la vie.*

Voilà la réponse à ma question! Je n'ai pas à planifier l'œuvre que j'aurai à faire dans ma vie. J'ai à découvrir celle que Dieu a déjà planifiée pour moi. Il existe une tâche particulière que Dieu m'a assignée, qui ne pourra être accomplie par aucune autre personne au monde. Ma responsabilité suprême, ici-bas, est de trouver et de réaliser cette tâche. Si je ne l'accomplis pas, elle ne sera pas faite. Personne d'autre ne pourra prendre ma place.

Il fait chaud dans l'église, presque lourd. Pourtant, je commence à trembler sur mon siège. Le sentiment de ma responsabilité personnelle est impressionnant. Dans l'éternité, j'aurai à répondre de ce moment. J'ai à rendre compte devant Dieu de ce que je fais de ma vie! La tête inclinée et les yeux clos, je murmure une prière: "Seigneur, montre-moi l'œuvre que tu m'as assignée et je ferai de mon mieux pour la mener à bien."

Je reprends conscience de ce qui se passe dans l'église. Le docteur Karlsson est en train d'expliquer ses projets de construction d'un petit hôpital au cœur de la jungle. L'équipement devra être importé de Suède; le travail et les matériaux de construction seront fournis par sa propre assemblée africaine. En faisant au plus économique, avec un plan soigneusement préparé, le total de quatre mille dollars ne devrait pas être dépassé. "Nous demandons au peuple de Dieu de nous aider dans cette tâche", conclut le docteur Karlsson.

"Tu as l'argent pour l'aider!" Je me retourne pour voir si quelqu'un, assis derrière moi, m'a parlé. Mais les gens qui sont là sont en train de sortir leur livre de cantiques. Pourtant, les mots étaient clairs, comme s'ils avaient été prononcés à voix haute.

Le matin de mon départ de Korsor pour la Suède, j'ai reçu un relevé de la caisse d'épargne. Le montant de mon avoir s'élève à plus de douze mille couronnes danoises, ce qui représente un peu plus de trois mille dollars américains. Mon père m'a légué cet argent dans son testament. C'est une somme substantielle en 1927.

A la fin du service, je me présente au docteur Karlsson et lui demande si je peux lui parler en privé. Quelques minutes plus tard, me voilà assise en sa compagnie et celle de son épouse, à une table de cuisine dans un petit appartement derrière l'église.

Je commence: "Docteur Karlsson, je ne suis entrée dans cette vie nouvelle que récemment, et il y a encore beaucoup de choses que je ne comprends pas. Mais à la fin de votre conférence de ce soir, je crois avoir entendu Dieu me parler en me disant de vous donner trois mille dollars pour votre hôpital."

Je me rends compte que les Karlsson sont renversés par le montant que je viens d'annoncer. "Sœur Christensen, dit le docteur, avant de vous engager pour une telle somme, je vous demanderai de prier soigneusement pour être absolument sûre que c'est bien la voix de Dieu que vous avez entendue."

Je le remercie pour ses paroles de prudence, mais intérieurement, la certitude est déjà là.

"S'il vous plaît, dites-nous comment vous êtes venue à cette vie nouvelle dans le Saint-Esprit", demande madame Karlsson.

Je commence par décrire ma recherche du vrai but de la vie, et les étranges expériences qui ont suivi. Les Karlsson sont des auditeurs tellement sympathiques, que je ne ressens aucun embarras. Je leur parle même de la femme que j'ai vue en train de danser, avec les hommes assis, les jambes croisées autour d'elle, et j'ajoute: "Je ne sais pas s'il existe réellement un pays où les gens s'habillent vraiment de cette façon."

Le docteur Karlsson sourit: "Peut-être que je peux répondre à votre question, dit-il. Ce printemps, sur notre trajet de retour du Congo, nous avons fait un détour par la Terre sainte. Là-bas, le style de vêtements, tant pour les hommes que pour les femmes, est exactement comme vous le décrivez.

– La Terre sainte..." Pourquoi n'y ai-je jamais pensé? Et pourquoi cette excitation qui surgit soudain en moi? Je me rappelle à quel point je ressentais le désir d'en savoir plus sur les gens de ma vision.

"Permettez-moi de vous demander de faire une chose, sœur Christensen, celle de prier ardemment pour que vous puissiez trouver la volonté de Dieu pour votre vie et l'accomplir." Le docteur Karlsson reprend avec une douce insistance dans la voix: "C'est le but pour lequel nous avons été créés de toute éternité, et en fin de compte, rien d'autre ne peut vraiment nous satisfaire; j'en ai fait l'expérience dans ma propre vie."

Pendant l'heure qui suit, le docteur Karlsson raconte l'histoire de sa propre recherche de plénitude, le renoncement à l'ambition de toute sa vie, la solitude et l'âpreté de la jungle africaine, le combat déchirant contre la maladie et la superstition. "Et pourtant, conclut-il, si je devais refaire mon choix depuis le point de départ, je ne demanderais rien d'autre. J'ai trouvé la satisfaction la plus grande que la vie puisse donner."

De bonne heure le lendemain matin, je reprends le long trajet du retour au Danemark. J'ai besoin de temps pour méditer sur ce qui s'est passé la veille au soir. Me suis-je trop précipitée pour promettre une somme d'argent d'une telle importance, pour un hôpital situé dans un endroit dont je n'ai jamais entendu parler? Je pourrais vivre confortablement pendant au moins deux ans avec ce montant. Ou bien est-ce le genre de trésor que Jésus nous a avertis de ne pas amasser sur la terre? Après tout, mon salaire de professeur est de nouveau assuré.

Plus important que l'argent promis en don est la nouvelle direction reçue pour mon avenir. Je me remémore ce que Dieu m'a montré; pas besoin de faire des projets moi-même pour ma vie. Dieu a un plan déjà tout préparé. La seule chose qu'il me faut faire, c'est de le trouver.

J'arrive à Korsor tard dans la nuit. De bonne heure le lendemain, je retire la totalité de mon avoir à la caisse d'épargne et l'envoie en recommandé au docteur Karlsson à Stockholm. Je m'étais à moitié attendue à un combat intérieur, mais c'est l'inverse qui se produit. Quand je tends la lettre à l'employé du bureau de poste, j'ai la sensation qu'un fardeau est ôté de mes épaules. Je suis libre de me consacrer à la tâche qui, je le sais maintenant, se trouve devant moi, et qui est celle de découvrir le plan de Dieu pour ma vie.

L'école ouvre de nouveau à la fin du mois d'août. Ma section en économie familiale fonctionne bien, plus facilement que jamais, et monsieur Pedersen se surpasse pour me montrer combien il m'apprécie. Tandis que le premier trimestre touche à sa fin, je me retrouve en train de combattre une étrange agitation intérieure. Les paroles du texte du docteur Karlsson me reviennent sans cesse en mémoire. Mon travail à l'école est une "bonne œuvre"... mais est-ce réellement celle que Dieu a préparée pour moi? Nous avons, au Danemark, d'autres professeurs tout aussi qualifiés que moi pour enseigner l'économie familiale. Y a-t-il un autre travail spécifique qui m'attend, une tâche qui ne sera jamais accomplie à moins que je ne la prenne en main?

Le docteur Karlsson a suggéré que les gens de ma vision pourraient vivre en Terre sainte. Presque malgré moi, je commence à tourner mon attention dans cette direction. Mis à part les Karlsson, je n'ai en fait jamais rencontré personne qui soit allé là-bas. Quoique ce territoire de quelque dix mille miles carrés, situé à la jonction de trois continents qui sont l'Europe, l'Asie et l'Afrique, ait joué un rôle étrangement chargé de sens dans l'histoire de l'humanité, il est difficile d'obtenir des informations sûres concernant la longue période qui va de la fin du récit biblique jusqu'à notre époque. En visitant les bibliothèques, les étalages des bouquinistes et même les dépôts de vieux journaux, je finis par me constituer, pour mon usage personnel, un historique du pays dans ses grandes lignes.

Connu à l'origine sous le nom de pays de Canaan, il a été promis par Dieu en héritage successivement aux trois patriarches hébreux: Abraham, Isaac et Jacob (rebaptisé Israël). Plus tard, sous le règne de David puis sous celui de Salomon, les descendants de Jacob (qui ont pris le nom de peuple d'Israël) ont instauré un empire puissant et prospère, avec une magnifique capitale, Jérusalem. Puis un déclin religieux et politique s'est installé et, pendant les siècles suivants, le pays a été assujetti à tour de rôle à différents empires rivaux comme Babylone, la Perse, la Grèce et Rome. La nation juive s'est révoltée contre Rome, mais a finalement été vaincue et a été l'objet de cruautés effrayantes. Jérusalem, avec son temple sacré, a été détruite et les survivants dispersés parmi les nations alentour. Alors a commencé une période d'exil qui devait durer plus de dix-huit siècles. Leur place a été occupée par les non-juifs des nations environnantes.

Au septième siècle de notre ère, la Terre sainte est tombée aux mains des armées des conquérants arabes, disciples dévoués de la nouvelle religion musulmane fondée par Mahomet. Pendant les treize siècles suivants – excepté sous l'époque des croisés au onzième siècle pendant une brève période –, le pays a été conquis et gouverné par une succession de peuples musulmans. Cette époque s'est terminée par quatre cents ans sous l'Empire ottoman turc. Cette longue succession de conquêtes, associée à une négligence croissante, a finalement réduit la plus grande partie du territoire en désert; les arbres ont disparu, les villes sont tombées en ruines et les champs autrefois fertiles ont été recouverts de marécages infestés par la malaria.

Finalement, il y a de cela dix ans, à la fin de la Première Guerre mondiale en 1918, la domination féodale des Turcs a cédé la place à un mandat britannique sur deux territoires contigus séparés par le fleuve du Jourdain; il y a donc eu la Palestine à l'ouest et la Transjordanie à l'est. Ce changement n'a fait cependant que provoquer de nouvelles tensions et de nouveaux problèmes. La technologie du vingtième siècle a commencé à envahir les coutumes et les modes de vie remontant jusqu'à l'époque d'Abraham, et qui étaient presque sans modifications. Les paysans arabes, dont les familles avaient cultivé le même petit bout de terre pendant mille ans ou plus, ont soudain été confrontés à la pression d'immigrants juifs en quête de terre, soutenus par des techniques et un outillage modernes, et par les ressources financières du sionisme international.

En coulisse, les grandes puissances rivalisent les unes avec les autres pour le contrôle des zones stratégiques du Moyen-Orient telles que le canal de Suez et les réserves de pétrole les plus riches du monde. L'administration britannique jongle désespérément avec les revendications rivales des différents groupes raciaux, politiques et religieux, mais sans parvenir à une solution durable.

Je trouve la situation résumée sans ménagement par un journaliste danois rentré récemment de la région: "La question n'est pas de savoir si un conflit ouvert va éclater, mais s'il est imminent."

Il n'y a rien d'attirant dans ce tableau de la Terre sainte, que j'ai ainsi composé. J'essaie de le chasser de mon esprit, sans y arriver. Peut-être est-ce une indication de plus que le dessein de Dieu pour ma vie est d'une manière ou d'une autre en relation avec ce pays et son peuple? Je ne connais qu'un chemin pour trouver une réponse, et c'est celui de la prière. Il est ardu de se mettre à prier pour une région aussi étrangère et aussi éloignée, mais je me suis engagée à chercher le plan de Dieu et je dois suivre le seul chemin qui semble m'être ouvert.

Dans les semaines qui suivent, je passe beaucoup d'heures fatigantes à genoux devant mon fauteuil vert. La tentation d'abandonner m'assiège souvent. Pourquoi prier pour quelque chose d'aussi lointain et irréel? Lentement, je commence à réaliser que Dieu est en train de m'apprendre à me reposer sur le Saint-Esprit. Chaque fois que je ressens le besoin d'un encouragement spécial, j'ai recours aux paroles de Paul:

"De même aussi l'Esprit nous aide dans notre faiblesse, car nous ne savons pas ce qu'il convient de demander dans nos prières. Mais l'Esprit lui-même intercède à notre place" (Romains 8:26).[*]

Quand je n'avance plus en priant dans ma propre langue, je m'abandonne au Saint-Esprit et le laisse prier à travers moi dans une langue de son propre choix. Au point où j'en suis arrivée, j'ai découvert que Dieu ne m'a pas donné une nouvelle langue seulement, mais plusieurs. L'une d'elles est douce et fluide, un peu comme l'italien. C'est la première langue que j'ai reçue pendant la nuit où j'ai eu la vision de la femme en train de danser. Une autre contient beaucoup de gutturales, un peu comme le néerlandais. Une troisième a un ton nasal et ne ressemble à aucune langue que j'ai jamais entendue. Il y en a encore d'autres qui ne sont pas faciles à caractériser. Il semble qu'une langue donnée soit appropriée à tel thème de prière, ou à telle humeur de mon propre esprit.

Parfois, après avoir prié un moment dans une langue inconnue, je passe au danois et suis surprise des choses pour lesquelles je m'entends prier. Je réalise qu'une prière de cette sorte, bien qu'elle soit en danois, m'est donnée directement par le Saint-Esprit. Dans un tel cas, prier dans une langue inconnue est comparable à un escalier me guidant pour monter à un niveau de prière plus grand que celui dont mon intelligence est capable, même si je reviens plus tard au danois.

Alors que je continue à prier régulièrement de cette façon tout au long des mois d'octobre et de novembre, je me rends compte que mon attitude intérieure est en train de subir un profond changement. Est-ce vraiment possible d'aimer des gens que je n'ai jamais vus? Je sais bien ce que c'est que d'aimer mes parents et mes sœurs. Maintenant, je commence à ressentir que je possède une autre *famille* dans le pays pour lequel je prie, une famille que je n'ai jamais vue et dont je ne connais pas les noms. Et pourtant, l'amour que j'éprouve pour elle coule à travers mes prières. Plus je prie, plus mon amour s'intensifie.

Le pasteur Rasmussen m'invite à participer à une journée spéciale de prière dans son Eglise le dimanche 4 décembre 1927.

---

[*] Version KJV

Trente d'entre nous se rassemblent le matin et nous passons la première partie de la journée en alternant chants, prières et lecture des Ecritures. Tôt dans l'après-midi, un silence inhabituel descend sur nous tous. Pendant cinq à dix minutes, personne n'essaie de prier à haute voix. Notre communion à Dieu et les uns avec les autres est devenue si intime qu'elle n'a plus besoin d'être exprimée en mots audibles.

Agenouillée à ma place, je ressens la présence de Dieu qui me recouvre de son ombre. Elle semble se poser sur moi comme la rosée qui descend dans le silence de la nuit. Mon cœur bat plus vite, dans l'attente. Après un moment, le visage d'un bébé, une petite fille, apparaît devant moi. Elle me regarde depuis une sorte de boîte, mais les détails ne sont pas clairs. Ce sont ses yeux noirs solennels qui captent mon attention. J'ai le désir ardent de communiquer avec elle, mais je ne peux pas!

Pendant les jours qui suivent, à chaque fois que je ferme les yeux pour prier, je revois le visage de l'enfant qui me regarde fixement. Fait-elle partie de ma famille invisible?

Au cours des vacances de Noël, je retourne à Bronderslev pour notre traditionnelle réunion de famille. En apparence, rien n'a changé; mais je ne fais plus partie de ce monde-là. Un abîme s'est creusé entre ma famille naturelle et moi. Je commence, en quelque sorte, à me sentir plus proche de ma famille invisible de ce pays éloigné que de la mienne.

Je suis de retour à Korsor pour le Nouvel-An de 1928. Il y a juste un an que Jésus m'est apparu là, dans mon appartement. Deux mois plus tard, j'étais baptisée. Qui aurait pu prévoir tous les changements qui suivraient? Et plus encore ceux, je le sens, qui m'attendent pour l'avenir. L'impression que Dieu me dirige vers la Terre sainte devient de plus en plus forte. Puis-je lui demander de m'en montrer davantage, comme l'endroit même où je devrais aller ou le genre de travail que je devrais faire?

Tandis que je suis en train de prier dans cette ligne, il me revient en mémoire un jeu auquel nous avons souvent joué dans mon enfance. Quelqu'un sortait de la pièce. En son absence, les autres cachaient une bague quelque part. Nous faisions alors revenir la personne. Quand elle s'approchait de l'endroit où la bague était cachée, les autres disaient: "Chaud!" Si elle s'en allait dans la mauvaise direction, nous disions: "Froid!" Quand elle s'approchait tout près, nous disions: "Tu brûles!"

A chaque fois que je prie pour la Terre sainte et ses habitants, j'éprouve comme une chaleur dans mon esprit m'indiquant que je m'avance dans la bonne direction. Un jour, je me sens fortement poussée à prier pour la ville de Jérusalem. Immédiatement, la chaleur s'intensifie. Est-ce la façon du Saint-Esprit de me dire que je brûle? Chaque jour pendant une semaine, mes prières suivent le même modèle; à chaque fois, la même réaction se produit. Est-ce Jérusalem, l'endroit?

Mais pourquoi Jérusalem? Je ne connais personne là-bas et n'ai aucun contact d'aucune façon. Qu'y ferais-je? J'essaie de me représenter dans diverses situations, mais je ne semble convenir dans aucune. Je me dis que c'est absurde d'envisager une chose pareille, mais en dépit de tous mes contre-arguments, je n'arrive pas à me débarrasser de cette conviction qui est que *Dieu me demande d'aller à Jérusalem*, même si je ne sais pas pourquoi ou ce que je suis censée y faire.

Des questions innombrables commencent à m'assaillir. Qu'en est-il de l'argent, par exemple? J'ai donné au docteur Karlsson ce qui me restait de l'héritage qui me venait de mon père. Si je démissionne de ma fonction de professeur, je vais perdre mon salaire. A cause de la publicité faite autour de mes baptêmes d'eau et du Saint-Esprit, je suis sûre qu'aucune société missionnaire reconnue au Danemark ne m'acceptera comme candidate. Les pentecôtistes n'ont que le strict nécessaire. En fait, l'argent que je peux soustraire de mon salaire est une part essentielle des ressources du pasteur.

Toute ma vie, j'ai vécu financièrement dans l'abondance. Puis-je me confier en Dieu pour pourvoir à mes besoins dans un pays lointain et inconnu, sans engagement de quelque église ou société missionnaire? On peut dire que personne, quasiment, ne saurait seulement que je suis là-bas. Dieu peut-il pousser des gens à m'envoyer de l'argent, même s'ils ne me reconnaissent pas missionnaire et ne savent pas ce dont j'ai besoin? Pendant une semaine, j'examine cette question et la retourne dans ma tête.

Finalement, je prends la décision de prier pour recevoir de l'argent dans ma situation actuelle et de voir ce qui arrivera.

Tant que je suis encore dans ma fonction de professeur bien payé, ce serait des plus insolites pour qui que ce soit de m'offrir de l'argent. Pourtant, c'est précisément cette chose-là que je décide de demander à Dieu. Je fais une prière simple et précise: "S'il te plaît, mon Dieu, je voudrais que quelqu'un me donne cinq dollars avant minuit demain. Si tu le fais, alors je saurai que tu peux conduire des gens à subvenir à mes besoins, même à Jérusalem."

Pendant toute la journée du lendemain à l'école, je me reproche d'avoir fait une prière aussi absurde; en même temps, j'essaie d'imaginer qui pourrait bien me donner cinq dollars. En tout cas, pas une de mes collègues, car elles savent toutes à quel point je suis nantie. Peut-être qu'il y aura une lettre au courrier venant de quelque parent éloigné. Malgré moi, en rentrant à la maison à vélo, je pédale plus vite que d'habitude.

Aussitôt arrivée, j'interroge Valborg: "Le facteur est-il passé aujourd'hui?" Elle me tend une seule lettre, postée à Fyn. Je l'ouvre le cœur battant. C'est un mot de l'un des enfants de Ketzia: "Chère tante Lydia. Merci pour le cadeau que tu m'as envoyé pour mon anniversaire." Mais ce mesage ne contient pas d'argent!

A vingt et une heures trente, il est clair que l'argent ne viendra pas. Je ne peux pas dire si je me sens déçue ou soulagée. Si l'argent n'arrive pas, c'est que Dieu ne me demande pas d'aller à Jérusalem. Après tout, j'ai dû me tromper au sujet de sa direction. A moins que cela n'indique simplement que ma prière était d'entrée déplacée? Pourquoi Dieu devrait-il m'envoyer une somme précise tel jour, quand je n'ai vraiment pas besoin d'argent du tout? Je n'aurais pas dû faire une prière aussi déraisonnable.

Je me prépare à aller au lit quand quelqu'un frappe à la porte. Mon cœur cogne dans ma poitrine lorsque je vais ouvrir. C'est Kristine Sonderby, la documentaliste de l'école, qui fréquente la Mission évangélique près du port.

"J'espère que tu ne trouveras pas cela étrange, commence-t-elle avant même que je n'aie le temps de lui demander d'entrer. Mais ce soir, pendant que je priais, quelque chose s'est produit. (Elle fouille dans son grand porte-monnaie noir tout en parlant.) J'ai eu la très forte impression que Dieu voulait que je t'apporte ceci." Elle tire de sa bourse cinq dollars et me les tend. Après s'être attardée quelques instants dans l'encadrement de la porte, Kristine s'en va, manifestement embarrassée par sa propre conduite si peu conventionnelle.

Après son départ, mes genoux semblent se dérober sous moi. Je suis obligée de m'asseoir un moment à la table de la salle à manger en attendant que mes forces reviennent. A moins de deux heures avant la fin de la journée, Dieu m'a envoyé exactement la somme que j'ai demandée. Je n'ai plus aucune excuse pour douter! Il m'a donné une preuve convaincante qu'il est capable de pourvoir à mes besoins à Jérusalem – ou en quelque autre endroit où il pourrait me demander d'aller!

Le lendemain, pendant une récréation, Kristine vient de nouveau à ma rencontre, fouille dans son porte-monnaie exactement comme la veille au soir. "Je ne sais pas pourquoi j'ai agi ainsi hier soir. C'est vingt dollars que j'avais vraiment l'intention de te donner depuis le début, mais, pour je ne sais quelle raison, je ne t'en ai donné que cinq. Voilà les quinze autres, dit-elle en me tendant les billets.

– Kristine, tu ne sauras probablement jamais à quel point cela est important pour moi, mais je veux te dire merci parce que tu as obéi à la voix de Dieu."

J'ai conscience que ses yeux me sondent à travers ses épaisses lunettes.

"Je me rends compte que tu as réellement changé, dit-elle. Tu ne fumes même plus... Peux-tu me raconter comment c'est arrivé?"

Je décris, aussi simplement que je le peux, comment Jésus s'est révélé à moi et m'a ensuite remplie du Saint-Esprit.

"Lydia, je crois à tout cela, commente Kristine quand j'ai terminé. Il y a juste une chose que je ne comprends pas au sujet du parler dans une langue inconnue. On nous a toujours enseigné que de telles manifestations ont cessé avec les apôtres et que ce serait une erreur de s'y attendre de nos jours."

Sa voix ne trahirait-elle pas un brin de regret?

"Pourquoi ne prierais-tu pas à ce sujet? Demande à Dieu de te montrer la vérité directement à partir de la Bible.

– Oui, je pense que tu as raison. C'est ce que je vais faire."

Kristine me serre la main avec une chaleur que je ne lui ai jamais vue avant cet instant, puis nous nous séparons.

Pendant le reste de la journée, je médite sur ce qui est arrivé. Dieu ne m'a pas seulement donné la preuve qu'il est capable de pourvoir à mes besoins à Jérusalem, il m'a aussi enseigné deux leçons importantes concernant la prière.

D'abord, je ne dois pas essayer d'imaginer à l'avance comment Dieu va répondre à ma prière. C'est sa responsabilité à lui, non la mienne, de décider comment la réponse arrivera. J'avais écarté la possibilité que l'argent me vienne d'un quelconque collègue, mais Dieu a choisi de l'envoyer par Kristine.

Ensuite, Dieu voulait me donner plus que je n'avais la foi de demander. Parce que j'avais prié pour exactement cinq dollars, Dieu a conduit Kristine à m'apporter juste ce montant la première fois. Cependant, il avait en fait mis dans son cœur de me donner quatre fois plus que ma demande. Je ne dois pas limiter Dieu en demandant trop peu!

A Korsor, l'hiver commence à céder la place à la saison suivante. Les premiers rayons d'un soleil printanier font ressortir la blancheur des pignons et le rouge du toit des élégantes maisons de brique. J'ai aimé Korsor depuis le premier jour où je m'y suis installée, mais cette ville ne m'avait jamais encore paru aussi attrayante que maintenant, à ce moment précis. Dieu me demande-t-il réellement d'échanger tout cela contre un pays primitif lointain où les gens, les coutumes et les paysages me sont tous étrangers et inconnus? Mon engagement dans le plan de Dieu sera scellé par un dernier acte irréversible, celui de la remise de ma démission à monsieur Pedersen. Semaine après semaine, je repousse ce moment.

Pendant le week-end de Pâques, je vais écouter un missionnaire qui a une longue expérience de la Chine. Son nom est Arne Konrad. Il prêche à l'église pentecôtiste. Le dimanche soir, à la dernière réunion, il parle sur un texte de l'épître aux Hébreux:

> "C'est par la foi qu'Abraham, lors de son appel, a obéi et est parti pour un lieu qu'il devait recevoir en héritage, et qu'il est parti sans savoir où il allait" (Hébreux 11:8).

Monsieur Konrad trace un vivant portrait d'Abraham quittant le confort et la sécurité de son foyer à Ur pour se mettre en route vers un pays dont il ne savait rien, en comptant uniquement sur la promesse de Dieu. Je sens que chaque mot qu'il prononce s'adresse à moi personnellement.

A la fin du service, je demande à lui parler en privé. Je lui décris la façon dont Dieu m'a dirigée pour démissionner de mon poste et aller à Jérusalem, et l'hésitation que je ressens à faire le pas décisif. Quand j'ai terminé, il me regarde un moment; ses yeux gris rayonnent sous des sourcils blancs touffus. Enfin, il me dit:

"Sœur Christensen, le Danemark est plein d'infirmes spirituels qui ont entendu l'appel de Dieu, mais qui ont eu peur de se mettre en route par la foi. Et vous, ne devenez pas l'un d'entre eux!'

Les paroles résonnent encore à mes oreilles quand j'arrive à l'appartement. Je vais directement à mon bureau, rédige d'une traite ma lettre de démission et la pose sur la pile de livres préparée pour la classe du lendemain matin.

Allongée dans mon lit en attendant le sommeil, je mesure tout ce que représente l'acte que je m'apprête à accomplir, celui de dire adieu à Korsor, à cet univers familier qui est le mien, et faire le premier pas vers un futur inconnu, pour lequel je ne peux faire ni préparation ni provision. Pour repousser les doutes et les craintes qui me submergent, je ne cesse de répéter les paroles du texte de monsieur Konrad: "C'est par la foi qu'Abraham est parti sans savoir où il allait." Quand je m'endors enfin, ces mots sont encore sur mes lèvres.

A l'école, le lendemain, ma deuxième heure est libre. Dès que la cloche sonne la fin de la première période, je me rends au bureau de monsieur Pedersen avec ma lettre de démission. Il me souhaite la bienvenue et, d'un geste, m'invite à m'asseoir.

"Monsieur Pedersen, dis-je en lui tendant ma lettre, je voulais vous apporter ceci moi-même. C'est ma lettre de démission.

– Votre lettre de..." Il s'immobilise; l'une de ses mains qui s'avançait pour prendre l'enveloppe reste en suspens. "Voulez-vous dire que vous nous quittez?"

Je lui relate comment j'ai reçu la conviction que Dieu me demande d'aller à Jérusalem. Quand j'ai terminé, il se lève, me serre la main et me souhaite la bénédiction de Dieu. "Je ne suis pas sûr que je comprenne, ajoute-t-il, mais j'ai pour vous beaucoup de considération parce que vous êtes fidèle à vos convictions."

En sortant dans le couloir, je tombe nez à nez avec Soren

"Bonjour, dit-il, qu'est-ce qui t'amène dans le bureau du directeur à une heure aussi matinale?

– Je viens de lui remettre ma démission.

– Ta démission! Tu n'as jamais rien dit à ce sujet! (Soren est visiblement sous le choc.) J'espère bien que ce n'est pas à cause d'un bruit qui aurait couru sur toi. Je réalise que moi-même, par moments, j'ai manqué de tact... J'aurais dû être plus attentif. (C'est tout juste s'il ne bégaie pas.) As-tu le projet de postuler pour la place annoncée vacante à Copenhague?

– Je t'en prie! Ne te fais pas de reproches, Soren! Je ne pars pas à cause de quoi que ce soit que quelqu'un aurait dit. J'aurais voulu t'en parler plus tôt, mais il me semblait que tu pourrais ne pas comprendre. Tu sais, je ne m'en vais pas à Copenhague, je m'en vais à Jérusalem.

– Jérusalem! Que peux-tu bien aller faire là-bas?

– Je ne sais pas... Mais je crois que c'est là que Dieu me veut.

– Lydia! Jamais je n'aurais pensé que tu allais pousser tes nouvelles idées jusqu'à de telles extrémités!" Soren est tout à la fois fâché et dans un grand désarroi. "Penses-tu vraiment...?

– Non, Soren, je ne *pense* pas et je ne *sais* pas, mais je *crois*! Pendant des années, j'ai bâti ma vie d'après mes propres plans et mes propres raisonnements; mais j'ai trouvé que la vie a une autre dimension.

– Une autre dimension, Lydia? C'est quelque chose que je ne comprends pas", dit Soren d'une voix étrangement blanche.

La cloche sonne. Je lui prends une de ses mains et la serre un moment. "Il me faut partir maintenant, Soren! Excuse-moi."

Quand j'arrive au bout du couloir, je jette un coup d'œil en arrière. Soren est toujours là, à l'endroit où nous nous sommes séparés, le regard fixé sur moi. L'instant d'après, j'ai franchi le tournant et il est hors de vue. Je me suis éloignée de lui de moins de cinquante mètres, et cependant je sais que je suis sortie de sa vie.

Au fond de moi, je ressens une douleur trop profonde pour pleurer. Je pense que la mort même n'aurait pas pu produire une séparation plus définitive. Ma pensée retourne à mon baptême. Je l'ai identifié au moment même comme un ensevelissement, mais je n'en ai pas vu toutes les implications. La relation avec Soren nous a apporté tellement de bonheur à tous les deux! Fait-elle aussi partie de l'ancienne vie que je dois perdre avant de pouvoir trouver la nouvelle vie dans laquelle Dieu me conduit?

Il me reste encore à annoncer ma démission à maman, et je sais qu'une lettre ne saurait suffire. J'attends jusqu'au week-end de Pentecôte pour faire un petit tour à Bronderslev. Le samedi matin, je raconte à maman aussi simplement que je le peux ce que j'ai fait. Quand j'ai terminé, elle reste là, assise silencieuse, pendant plusieurs minutes.

"Mais, dit-elle enfin, que vas-tu *faire* à Jérusalem?

– Je me suis beaucoup interrogée là-dessus, moi aussi, maman. Mais malgré tout, je crois que Dieu a une tâche spéciale pour chacun et que, d'une façon ou d'une autre, je découvrirai la mienne à Jérusalem."

C'est avec un respect plus profond que jamais pour ma mère que je rentre à Korsor. Ces nouvelles l'ont bouleversée, pourtant elle a évité de dire quoi que ce soit qui augmenterait pour moi la difficulté de suivre la voie que je crois être juste. Je commence à prier afin que Dieu la prépare pour le moment où je devrai partir à Jérusalem pour de bon.

Le trimestre se termine à la mi-juillet. Au premier abord, c'est dur de réaliser que je ne suis plus professeur. Un rappel d'ordre pratique vient de ce que je ne reçois plus de salaire. La vie semble étrangement vide. Cependant, je ne peux me permettre de m'attarder sur le passé. Je commence à faire les plans que je peux pour mon itinéraire jusqu'à Jérusalem. Dans une revue missionnaire publiée en Suède, j'ai remarqué l'adresse d'une dame suédoise qui vit là-bas. Elle s'appelle Ida Gustafsson. Je décide de lui faire part de mon arrivée.

En attendant sa réponse, je commence à vendre mes meubles. Le prix qu'on m'en offre est ridiculement bas, mais je n'ai aucun désir de marchander. La moitié de l'argent ainsi réalisé va à l'Assemblée de Pentecôte qui a besoin de mobilier pour l'église. Je leur donne aussi mon piano. Le reste de l'argent est réservé pour mon voyage jusqu'à Jérusalem et pour les dépenses à mon arrivée là-bas.

Les seuls meubles que je conserve sont le lit, une chaise et une petite table de salon, que je veux donner à Valborg. Je sais qu'elle n'aura pas de difficulté à retrouver du travail, mais je lui donne un mois supplémentaire de salaire. "Merci, Mademoiselle, pour tout, dit-elle. Je penserai à vous chaque nuit quand je dormirai dans votre lit... Et je dirai aussi une prière pour vous!"

Un jour, comme je suis assise seule dans l'appartement presque vide, Kristine Sonderby se présente à la porte. En plus de son sac noir habituel, elle tient un paquet plat emballé dans du papier. "Je ne suis pas venue pour acheter quoi que ce soit, explique-t-elle. Je voulais simplement t'apporter ceci..."

Elle enlève le papier d'emballage et me tend une gravure sans cadre avec un calendrier à feuillet quotidien mobile fixé au bas, dans une encoche. L'image, dans les tons pastels, représente un berger vêtu comme aux temps bibliques, son bâton dans l'une de ses mains, l'autre bras entourant un agneau nouveau-né. Dessous, en lettres gothiques, ces paroles: "Il prendra les agneaux dans ses bras et les portera dans son sein" (voir Esaïe 40:11). Kristine m'observe à travers ses verres épais, d'un air perplexe. "Je ne comprends toujours pas certaines des choses que tu m'as racontées, mais je prierai pour toi."

Après le départ de Kristine, je pose le calendrier au sommet d'une pile d'objets qui attendent d'être emballés pour le voyage. Il est d'un style artistique religieux sentimental qui me déplaît tout particulièrement, mais je me dis qu'au moins il y aura deux personnes à Korsor qui prieront pour moi: Kristine et Valborg.

Le premier dimanche du mois d'août, au culte du matin à l'église pentecôtiste, je fais la connaissance de Kitty Sorensen, missionnaire en Chine. C'est une femme robuste, dotée d'une abondante chevelure d'un blond paille, difficilement maintenue par deux peignes en écaille de tortue. Elle me raconte qu'elle projette de repartir pour la Chine à la fin du mois de septembre. Nous convenons de faire le trajet ensemble jusqu'en Egypte, par train à travers l'Europe jusqu'à Marseille, ensuite par bateau jusqu'au port d'Alexandrie, sur la côte nord de l'Egypte. De là, Kitty continuera sur le bateau par le canal de Suez pour l'Extrême-Orient, et je terminerai mon voyage par train à travers la péninsule du Sinaï jusqu'à Jérusalem.

Dix jours plus tard, je reçois une réponse de mademoiselle Gustafsson, la dame suédoise de Jérusalem. Elle a été ravie d'apprendre mes projets, écrit-elle, et propose de m'accueillir à l'arrivée si je lui fais savoir l'itinéraire que j'emprunterai. Sa réponse est un grand encouragement. Au moins, j'aurai une maison où aller en arrivant à Jérusalem. Je lui réponds en lui donnant les grandes lignes prévues pour le voyage et en lui promettant d'envoyer un télégramme depuis Alexandrie.

Le vendredi 21 septembre, je vais à l'agence de voyages acheter mon billet pour Alexandrie. Sur l'argent qui me reste, je prélève le minimum pour mes dépenses au Danemark jusqu'à la fin du mois et convertis le reste en chèques de voyages d'une valeur de cent quatre-vingts dollars. C'est le montant total de mes richesses terrestres.

Le lundi suivant, j'expédie le gros de mes bagages à l'avance à Copenhague, tandis que je prends le train pour Bronderslev. J'ai promis de passer les quelques jours qui me restent au Danemark avec maman.

Pendant nos deux premiers jours ensemble, maman et moi jouissons simplement d'être ainsi, dans la compagnie l'une de l'autre. Par un accord tacite, nous ne faisons aucune allusion aux événements qui ont suivi mon baptême et à l'avenir inconnu qui m'attend à Jérusalem. Finalement, l'après-midi de mon dernier jour à la maison, maman rompt elle-même ce silence que nous

nous sommes imposé.

"Depuis ta dernière, visite j'ai réfléchi à quelque chose qui s'est produit quand tu étais une petite fille de cinq ans, dit-elle en se balançant doucement d'avant en arrière dans sa chaise favorite. Tu avais une pneumonie tellement grave que j'ai pensé que nous allions te perdre. Je me revois, debout près de ton lit une nuit, disant à Dieu que s'il épargnait ta vie, tu serais à lui. Peut-être que cela explique quelques-unes des choses qui se sont produites ces deux dernières années.

– Oui, maman, cela m'aide à comprendre, moi aussi." Je lui donne un baiser sur le front, puis je file faire quelques préparatifs de dernière minute pour mon voyage à Copenhague le lendemain.

Le temps que je revienne, maman s'est assoupie, la tête appuyée contre le dossier du rocking-chair. Je reste plusieurs minutes silencieuse, jouissant de la beauté familière de ses traits. Elle a passablement vieilli depuis un an, en grande partie, je le sais, à cause du souci qu'elle s'est fait à mon sujet.

Soudain, elle ouvre les yeux et me regarde. "Comme c'est étrange, s'exclame-t-elle. J'ai dû m'assoupir, et alors j'ai vu ton visage devant moi. Tu ressemblais exactement à la petite fille que tu étais à cinq ans, avec ces longues anglaises dorées que tu portais alors. Je me demande pourquoi il me fallait voir une chose pareille!

– Je pense que Dieu est en train de te montrer quelque chose, maman. Il te fait voir que je n'ai pas réellement changé. Je suis restée la même petite fille que tu as connue et c'est seulement maintenant que j'entrevois le vrai but que Dieu avait pour moi depuis tout ce temps-là."

Plus tard ce soir-là, au cours du repas, maman parle brièvement de son souci pour mon avenir. "Mais en tout cas, je suis heureuse d'une chose, ajoute-t-elle.

– Qu'est-ce que c'est, maman?

– De savoir que tu n'es pas sans argent. Tu devrais pouvoir vivre plus d'une année avec la somme que tu as héritée de papa."

Je me hâte de répondre.

"Tu n'as pas besoin de t'inquiéter à ce sujet, maman, ni au sujet de quoi que ce soit d'autre. Il y a uniquement deux choses que je veux que tu fasses: m'écrire régulièrement et prier pour moi chaque jour." Comme je suis reconnaissante que maman ne m'ait pas demandé ce qui me reste de l'héritage de papa! Il aurait été difficile de lui dire que j'ai donné le reste pour un hôpital au Congo!

Le lendemain matin, maman et Anna m'accompagnent toutes les deux à la gare. Quand le moment est venu de monter dans le train, maman me serre dans ses bras à plusieurs reprises, sans parler. Enfin, elle me dit: "Tu es toujours ma petite fille, la plus charmante du monde."

Quand le train commence à s'ébranler, maman court le long du quai tant qu'elle peut, puis elle sort son mouchoir blanc de dentelle et se tient là, en l'agitant. Je garde les yeux fixés sur elle jusqu'à ce que, à la fin, elle se fonde dans le paysage. La dernière chose que je distingue est son mouchoir blanc qui continue à me faire signe.

* * * * * * *

Chapitre 6

Le voyage

Le matin suivant, je retrouve Kitty à la gare principale de Copenhague. Nous nous frayons un chemin à travers la mêlée des voyageurs qui vont et viennent en se pressant et des porteurs poussant des chariots chargés de grandes malles, pour gagner le train qui va nous emmener à Marseille. Une douzaine d'amis de Kitty se sont donné rendez-vous pour lui dire au revoir. Penchée à la fenêtre, elle continue à mener une conversation animée, ponctuée par le sifflement de la vapeur qui s'échappe de la locomotive. Je suis debout derrière elle dans le compartiment, essayant de paraître gaie, mais intérieurement, j'ai profondément conscience qu'il n'y a personne ici pour me dire au revoir.

Et pourquoi devrait-il en être autrement? Je dois le reconnaître, Kitty est une missionnaire salariée qui retourne sur son champ de mission. "Mais toi, tu n'es pas vraiment une missionnaire, tu n'es que..." Je m'arrête, incapable de terminer ma phrase, même en pensée. Aucune église ou société missionnaire ne m'envoie, donc je ne peux pas être une missionnaire. Qui suis-je, après tout?

Le sifflet du départ retentit et le train s'ébranle. Kitty et moi, nous nous installons dans deux sièges d'angle en face l'une de l'autre. "Maintenant, nous sommes en route pour de bon", remarque Kitty en remettant en place ses peignes en écaille de tortue. Je me surprends de nouveau en train de comparer sa situation à la mienne. Ce voyage, elle l'a déjà fait dans le passé; elle retourne dans une mission déjà implantée, dans un pays qu'elle connaît bien. Mais pour moi, ce voyage est le premier pas vers un monde totalement nouveau et inconnu.

J'essaie de rejeter une sensation de frayeur qui me paralyse, en espérant que Kitty ne va pas remarquer mon combat intérieur. Je serre instinctivement mon sac un peu plus fort, car il contient mon passeport, le billet du bateau pour Alexandrie et mes cent quatre-vingts dollars en chèques de voyages. Je me dis qu'après tout j'aurai la compagnie de Kitty jusqu'à Alexandrie, et la maison d'Ida Gustafsson pour m'accueillir à Jérusalem.

Quand la nuit tombe, nous nous retirons chacune dans notre couchette de troisième classe. Pendant un moment, l'impitoyable ferraillement des roues du train martelant leur trajet vers le sud me tient éveillée, puis je finis par m'assoupir. Soudain, je me trouve debout devant un grand bureau. En face de moi est assis un homme à la peau basanée, les coudes sur le bureau, le menton dans les mains. Ses yeux noirs sont fixés sur moi comme s'il attendait la réponse à une question. Sous la pression de son regard insistant, je détourne les yeux vers un objet étrange posé sur un coin du bureau. Il est fait d'une étoffe rouge, rigide, en forme de tronc de cône; un gland de soie noire, attaché au sommet, pend sur le côté. Consciente que les yeux de l'homme sont toujours fixés sur moi, je cherche une réponse à sa question, mais ma gorge est sèche et aucun mot ne monte à mes lèvres.

Soudain, le train fait une embardée et je réalise que les rideaux de la couchette oscillent devant mes yeux. Je me rends compte que je rêvais. Pourtant, ce retour à la réalité ne dissipe pas l'impact émotionnel du rêve. Je ne peux chasser de mon esprit le visage au teint sombre et les yeux noirs de l'homme assis derrière le bureau, ni cet étrange chapeau rouge avec son gland de soie noire. Le sentiment de malaise et d'impuissance ne me quittent pas. Une heure s'écoule encore avant que je ne réussisse à m'endormir de nouveau.

Le lendemain, je relate mon rêve à Kitty, mais elle n'en tire rien de plus que moi; cependant, elle me dit que l'objet rouge décrit semble être le *tarbouch* porté par les fonctionnaires du gouvernement égyptien.

C'est un soulagement d'arriver enfin à Marseille. Kitty et moi ne savons pas plus de quelques mots de français, mais nous réussissons à prendre un taxi pour un hôtel non loin du port. On nous conduit à une petite chambre nue, avec deux lits à une place.

"Ce n'est pas tellement propre, commente Kitty, mais cela suffira pour deux nuits, jusqu'à ce que nous montions à bord de notre bateau pour Alexandrie."

Le matin suivant, nous allons au bureau de la compagnie Thomas Cook pour les formalités d'embarquement sur le navire qui doit partir le lendemain après-midi. Dans mon anglais hésitant, je raconte à l'employé que j'ai le projet de débarquer à Alexandrie et il demande à voir mon passeport. "Si vous descendez en Egypte, dit-il, il vous faut un visa du gouvernement égyptien. On ne vous permettra pas de quitter le navire sans ce tampon.

– Où puis-je obtenir un visa?"

L'employé me donne l'adresse du consulat d'Egypte.

Laissant Kitty finir de régler ses affaires à la compagnie Cook, je prends seule un taxi pour aller là-bas. Après une courte attente, je suis introduite dans le bureau du consul.

"Bonjour madame, me dit-il en anglais. Que puis-je faire pour vous?

– Bonjour..." Je commence, mais les mots se figent sur mes lèvres. Assis derrière le bureau, en face de moi, se trouve le même homme que j'ai vu en rêve dans le train avant-hier dans la nuit. Aucun doute, le visage basané, les yeux noirs fixés sur moi, exactement comme je les ai vus dans le rêve. Automatiquement, je jette un coup d'œil sur l'angle à l'autre bout du bureau, tout en sachant parfaitement ce que mes yeux vont rencontrer. Evidemment, il est bien là, l'étrange couvre-chef rouge au gland de soie noire! Chaque détail est exactement comme je l'ai vu en rêve.

Je me force à détourner les yeux pour croiser ceux du consul, consciente qu'il attend toujours la réponse à sa question. Je réussis enfin à articuler quelques mots: "Je suis venue pour un visa. Je suis en route pour la Palestine et j'ai besoin d'un visa pour débarquer à Alexandrie." Je fouille dans mon sac, sors mon passeport et le tends au consul.

Il le feuillette distraitement, puis dit: "Nous ne pouvons pas délivrer de visa ici. Il me faudra écrire au Caire.

– Mais... mais cela ne va-t-il pas prendre beaucoup de temps?

– Deux semaines environ. Peut-être plus.

– Deux semaines! Mais je ne peux pas attendre deux semaines!

Mon bateau quitte le port demain. (L'impact émotionnel de mon rêve revient sur moi avec une force redoublée. Ma gorge est sèche, ma langue comme du plomb.) Ne pouvez-vous pas, s'il vous plaît, faire quelque chose pour m'aider?

– Je ne peux rien faire, madame. (Les yeux noirs, inflexibles, sont toujours fixés sur moi.)

– Mais vous ne comprenez pas! Si je ne prends pas ce bateau, je vais rester ici, à Marseille... Toute seule! Je ne connais personne ici. Je ne suis que... (Je sens les larmes me monter aux yeux; la voix me manque et s'éteint.)

– Je vous le répète, madame, je ne peux absolument rien faire."
Le consul me tend mon passeport. Comme une personne sous hypnose, je le prends et sors du bureau.

Dehors sur le trottoir, je reste là, debout pendant plusieurs minutes, essayant d'appréhender la situation. Enfin, parce que je ne peux rien imaginer d'autre à faire, je reprends un taxi pour la compagnie Thomas Cook. Kitty a disparu. Elle doit avoir terminé ce qu'elle avait à faire et être de retour à l'hôtel.

Je raconte à l'employé ce qui s'est passé au consulat d'Egypte.

"Sans visa, vous ne pouvez naviguer sur le bateau qui va à Alexandrie, dit-il. La seule chose que je peux vous suggérer, c'est que vous preniez un bateau qui fait le trajet de Marseille à Tel-Aviv."

Quand il mentionne Tel-Aviv, mon cœur bondit. Ayant étudié la carte à Korsor, il me revient en mémoire que c'est un port sur la côte de la Palestine, qui est même plus près de Jérusalem que l'est Alexandrie. "Un bateau partirait-il bientôt?"

L'employé cherche dans ses dossiers pendant quelques minutes.

"Il y a un bateau français qui part dans une semaine, dit-il. Destination Tel-Aviv, mais il va faire escale en cours de route dans plusieurs ports. Nous pourrions vous obtenir un billet sur ce bateau.

– Quel serait le prix d'ici à Tel-Aviv?"

L'employé replonge le nez dans ses dossiers.

– Quarante-six dollars.

– Pourrais-je échanger mon billet pour Alexandrie contre un billet pour le bateau qui va à Tel-Aviv?

– Je regrette, madame, répond l'employé, mais nous n'avons pas le droit d'échanger ou de rembourser votre billet pour Alexandrie."

Apparemment, je n'ai pas le choix. Il me faut acheter un billet pour le bateau français qui se rend à Tel-Aviv. Je sors de mon sac la pochette qui contient les chèques de voyages et compte avec soin soixante-dix dollars. Je paie quarante-six dollars pour le billet et, avec les vingt-quatre autres, je me procure de l'argent français. Si je pouvais maintenir mes dépenses à moins de quatre dollars par jour, cette somme couvrirait les frais de la semaine supplémentaire que je vais être obligée de passer à Marseille. Ma pochette de chèques de voyages paraît pitoyablement mince quand je la remets dans mon sac. Plus du tiers de mon argent s'est déjà envolé!

De retour à l'hôtel, je raconte à Kitty ce qui s'est passé. Quand j'ai terminé, elle reste silencieuse pendant un moment; ses doigts s'amusent avec son peigne d'écaille. Enfin, elle rompt le silence: "Il n'est pas facile de comprendre pourquoi Dieu permet une chose pareille, mais au moins tu peux t'accrocher à ceci, Lydia: Dieu t'a montré à l'avance, au travers de ton rêve, ce qui devait arriver.

– Alors tu penses vraiment que ce rêve vient de Dieu?

– Evidemment. Si Dieu peut te montrer à l'avance tous les détails d'une situation qui va se produire, alors tu sais qu'il contrôle toujours la situation; peu importe comment tes propres plans peuvent être bouleversés."

Je m'accroche passionnément à l'explication de Kitty. C'est comme la proverbiale frange d'argent qui ourle le sombre nuage de la déception qui m'a recouverte de son ombre. Mon esprit commence à s'adapter à la nouvelle situation. Je vais m'installer à une table bancale près de la fenêtre pour écrire à Ida Gustafsson. Je lui explique le changement inattendu de mes plans et lui donne le nom du bateau français sur lequel j'ai maintenant réservé ma place, avec le jour et l'heure auxquels il est attendu à Tel-Aviv. Viendrait-elle à ma rencontre jusque-là? Je n'aurai pas le temps de recevoir une réponse de sa part à Marseille.

Kitty m'accompagne au bureau de poste. L'employé, qui parle anglais, nous informe qu'un service aéropostal a été récemment inauguré pour la Palestine. Ma lettre a donc toutes les chances d'atteindre mademoiselle Gustafsson à temps. En sortant du bureau de poste, nous allons faire une promenade dans le quartier proche du port, en nous arrêtant pour regarder les vitrines et essayer de convertir les francs français en couronnes danoises.

Le lendemain, après le déjeuner, j'accompagne Kitty à son bateau et l'aide à descendre ses bagages à main à la cabine. Il n'y a que deux couchettes; celle du dessus reste inoccupée. Aucun doute, c'est celle où j'aurais dû voyager. Quand Kitty a fini de s'installer, nous nous agenouillons côte à côte près de la couchette de Kitty, et nous remettons l'une l'autre aux bons soins de Dieu et sous sa protection.

A seize heures, une cloche sonne pour avertir tous les visiteurs de descendre à terre. En haut, sur le pont, Kitty me serre une dernière fois dans ses bras, puis me regarde descendre la passerelle d'embarquement. Depuis le quai, je peux encore la voir debout sur le pont. Elle tient les mains en cornet autour de la bouche, essayant apparemment de me dire quelque chose, mais elle est trop loin pour que je l'entende.

Enfin, après plusieurs coups de sirène ponctués des nuages blancs de la fumée s'échappant des cheminées, le navire commence à s'éloigner. Aussi longtemps que je peux voir Kitty sur le pont, je continue à lui faire des signes d'adieu; en l'espace de quelques minutes, le bateau vire de bord et la cache à ma vue. Je continue à suivre des yeux le navire tandis qu'il poursuit son chemin hors du port vers la haute mer. Graduellement, il s'estompe pour devenir une silhouette noire sur le fond du ciel illuminé par les derniers rayons du jour.

Soudain, je suis saisie par un sentiment de solitude qui me submerge. La séparation d'avec Kitty m'a coupée du dernier contact avec le Danemark. Je suis dans une ville étrangère, où je ne connais personne et dont je ne comprends pas la langue, sans autre perspective que six jours à passer toute seule, dans une chambre d'hôtel des plus dépouillée. Jusqu'à maintenant, je n'ai jamais vraiment connu ce que c'est que le fait d'être seule. La solitude s'empare de moi comme l'air humide du crépuscule. Je commence à frissonner légèrement.

Mes pensées retournent au Danemark. Je me demande ce que maman peut bien faire en ce moment. Je me la représente, se balançant doucement d'arrière en avant dans son rocking-chair, dont le mouvement rythme le cliquetis des aiguilles de son tricot. Il me paraît tout naturel d'entendre sa voix: "Ma petite fille, tu ne vois pas qu'il fait nuit? Retourne vite à ton hôtel!"

Je réalise brusquement que c'est vrai, qu'*il fait nuit*. Là-bas, chez moi, dans le climat nordique du Danemark, je n'ai jamais vu la nuit tomber si rapidement. Maintenant, je suis seule dans l'obscurité, je suis une femme seule dans une ville étrangère. Je me mets à marcher aussi vite que possible pour retourner dans la ville.

A mi-chemin de l'hôtel, j'entends des pas lourds derrière moi. Puis une voix pâteuse dit quelque chose en français, et je sens l'une des mains d'un homme sur l'une de mes hanches. Instinctivement, je me retourne et dis en danois: "Laissez-moi tranquille!"

Je me trouve face à un homme solidement bâti en uniforme de marin. Pendant un moment, qui me paraît une éternité, je sens l'alcool de son haleine et écoute mon propre cœur battre, prêt à se rompre. Puis il hausse les épaules et son bras retombe.

L'impulsion est très forte de me mettre à courir, mais je ne me risque pas à laisser paraître ma frayeur. Je continue à marcher pendant cinquante mètres environ avant de jeter un coup d'œil par-dessus mon épaule. L'homme regarde toujours dans ma direction, mais il ne fait aucune tentative pour me suivre. Cinq minutes plus tard, rouge et à bout de souffle, je suis de retour dans ma chambre d'hôtel.

Je me jette à genoux près de mon lit et tente de prier, mais aucun mot ne sort. Au lieu de cela, de profonds sanglots se forcent un passage à travers ma gorge serrée. Les sanglots s'apaisent enfin et sont suivis par un profond silence intérieur. Le temps semble s'être arrêté. Le passé et le futur sont exclus l'un comme l'autre. Je plane dans un éternel "maintenant".

Après une période, impossible à évaluer, de ce silence intérieur, les mots d'une langue inconnue coulent spontanément de mes lèvres et je réalise avec stupéfaction que je ne suis pas en train de parler, mais de chanter. La mélodie ressemble à celle de quelque cantique médiéval. Bien que je ne puisse en comprendre les paroles, je n'ai aucun doute quant à leur thème. Il s'agit d'adoration et d'allégresse, et même de triomphe. Je me remets debout et commence à marcher de long en large, les mains levées, tandis que les paroles du chant continuent à couler de mes lèvres.

Il m'est tout à fait naturel, depuis longtemps maintenant, de parler dans une langue inconnue, ce qui m'arrive en fait presque à chaque fois que je prie. Mais c'est la première fois que le Saint-Esprit me donne non seulement des mots que je ne comprends pas, mais aussi une mélodie que je n'ai jamais entendue. C'est sûrement une preuve de plus – s'il est encore besoin de preuve – que tout cela ne vient pas de moi. En effet, avec mon intelligence je ne comprends toujours pas pourquoi je devrais adorer Dieu par un tel chant de triomphe, dans cette petite pièce nue. Extérieurement, rien n'a changé; cependant, à l'intérieur, la crainte et le sentiment de solitude ont fait place à la paix et à la joie.

Je saisis ma Bible posée sur la table de nuit, avec l'intention de lire encore une fois mon verset favori situé dans l'épitre aux Romains, et qui commence par ces mots: "De même aussi l'Esprit nous aide dans notre faiblesse..." Au lieu de cela, mes yeux convergent vers deux versets situés plus loin:

> "Nous savons, du reste, que toutes choses concourent au bien de ceux qui aiment Dieu, de ceux qui sont appelés selon son dessein" (Romains 8:28).

"Appelés selon son dessein..." Ces paroles s'appliquent à moi! C'est Dieu qui m'a appelée à quitter le Danemark et à m'engager dans ce voyage. Je suis en train de chercher son but pour ma vie afin de l'accomplir. Mais s'il en est ainsi, alors tout ce qui m'est arrivé est pour mon bien! La déception, le retard, la dépense supplémentaire, la solitude, tout cela a été permis par mon Père céleste pour mon propre bien!

La voilà, en effet, la raison pour adorer et se réjouir, raison qui satisfait mon intelligence. Mais, dans l'ordre établi par Dieu, mon esprit a commencé à se réjouir avant que mon intelligence en ait compris la raison.

Pendant le reste de mon séjour à Marseille, ma chambre d'hôtel devient mon salon de prière. Elle ne me paraît plus nue et solitaire. Elle a revêtu une atmosphère presque sacrée. J'y passe chaque jour des heures alternant adoration et prière, parlant ou chantant, parfois dans une langue inconnue, parfois dans la mienne propre.

Dans cette attitude, je commence à comprendre les différentes façons dont Dieu m'a protégée et manifesté son amour. Par le rêve dans le train, il m'a montré qu'il connaît à l'avance ce qui va se produire jusqu'au moindre détail, même si moi je l'ignore. Puis, dans le moment de solitude sur le quai, il m'a parlé avec les accents de la voix de maman. Qu'est-ce qui aurait pu me montrer plus clairement la tendresse de son amour pour moi? Enfin, il m'a protégée de l'homme qui m'a accostée dans la rue.

Par-dessus tout, cependant, j'en arrive à voir pourquoi Dieu a permis la modification de mes plans. Pendant des années, j'ai eu une très grande confiance en moi, dans la force de ma propre sagesse et de mon propre jugement. Dans ma carrière de professeur, cela m'a passablement aidée; mais dans ma nouvelle marche par la foi, c'est devenu un obstacle. Et maintenant me voilà dépouillée de ma confiance en moi et livrée à la miséricorde et à la fidélité de Dieu. Je ne vais plus dépendre de mon propre jugement pour organiser chaque pas que je dois faire. Il me suffit de placer ma main dans celle de Dieu et de le laisser me conduire, jour après jour, pas après pas.

Le bateau français prend le large ponctuellement à midi le lundi 8 octobre 1928. Je reste sur le pont à contempler la silhouette de la ville de Marseille qui descend derrière l'horizon. C'est passionnant d'être de nouveau en chemin pour Jérusalem; cependant, je sais que les leçons apprises à Marseille valaient bien le temps que j'y ai passé.

Je découvre rapidement que personne, sur le bateau, ne comprend le danois. Ce qui veut dire que je suis obligé de me mettre à utiliser l'anglais quotidiennement. La plupart des membres de l'équipage sont Français, et la plupart des autres passagers sont des Arabes de différentes régions du Moyen-Orient; mais presque tous ont quelque connaissance d'anglais. Si, par moments, ils trouvent mes phrases bizarres ou mon fort accent danois difficile à comprendre, ils sont trop polis pour le montrer.

Je noue des relations amicales avec un marchand de Amman qui m'initie aux premiers mots de la langue arabe. C'est le premier Arabe avec lequel j'essaie de partager ma foi:

"Comment dites-vous le nom de Jésus, en arabe?

– *Ya-su-a*

– Et quel est le mot pour ceci (je touche une porte)?

– *Bab*, reprend mon nouvel ami."

Je savais déjà que le mot arabe pour Dieu est *Allah.*

"*Ya-su-a bab Allah* (je pointe le doigt vers le ciel en parlant). Jésus est la porte qui mène à Dieu."

Il sourit poliment et opine de la tête.

Notre voyage vers l'Orient se fait sans hâte, par petites étapes. Nous faisons escale dans différents ports sur la côte nord de la Méditerranée, ainsi que dans l'une des îles de la mer Egée. Beaucoup de noms de lieux rappellent les voyages missionnaires de Paul.

Pendant la traversée, je passe du temps à étudier une carte de la Terre sainte achetée d'occasion, que j'ai dénichée au Danemark. Je remarque que la route principale qui part de Tel-Aviv serpente vers l'est, à travers les montagnes, pour aboutir à Jérusalem. D'après l'échelle de la carte, la distance serait d'environ cinquante miles. Les principales montagnes semblent se grouper autour de Jérusalem. Les paroles du psalmiste me reviennent en mémoire:

"Des montagnes entourent Jérusalem, ainsi l'Eternel entoure son peuple dès maintenant et à jamais"

(Psaume 125:2).

Notre bateau accoste à Tel-Aviv l'après-midi du jeudi 18 octobre. Debout contre le bastingage, je vois de près pour la première fois la Terre sainte. Le quai en contrebas est encombré de caisses et de ballots entre lesquels marins et porteurs courent de-ci de-là, gesticulant et s'interpellant en criant dans une langue que je prends pour de l'arabe. En face se déploie un long hangar portant une enseigne où on peut lire: H.M. CUSTOMS AND IMMIGRATION (service des douanes et de l'immigration). En dessous, les mots sont écrits en deux types de caractères différents, mais aucun des deux ne m'est familier; sagirait-il de l'arabe et de l'hébreu?

En me dressant sur la pointe des pieds, j'arrive tout juste à apercevoir, par-dessus le toit du hangar, un groupe disparate de personnes rassemblées en plein air sur un terrain sablonneux. Elles attendent probablement les passagers du bateau. L'une d'entre elles serait-elle Ida Gustafsson? Pas moyen de le savoir.

Un des marins m'aide à débarquer mes bagages et à les transporter au hangar de la douane. Un premier entretien a lieu avec un fonctionnaire du service de l'immigration. "Vous êtes du Danemark? En visite?" J'acquiesce de la tête.

Il feuillette mon passeport, puis presse son tampon de caoutchouc sur un espace vierge. "Je vous ai donné un visa de touriste valable pour six mois", m'explique-t-il. En bas du cachet, en petits caractères, je remarque ces mots: PAS DE PERMIS DE TRAVAIL.

Ensuite, un fonctionnaire des douanes me demande d'ouvrir mes deux principaux bagages, qui sont une valise de vêtements et une malle en osier contenant ma literie, quelques couverts en argent et des ustensiles de cuisine. Après avoir fouillé pendant quelques minutes dans la malle, l'employé marque chaque bagage à la craie bleue et me permet de continuer.

Quelques instants plus tard, je me retrouve dehors, mes bagages à mes pieds. La première scène que capte mon regard est celle d'un homme vêtu d'une tunique en loques, gisant sur le sable contre le mur du hangar. La peau de ses pieds et de ses jambes est rongée par des plaies ouvertes. Remarquant que je le regarde, il tend vers moi l'un de ses bras terminé par un moignon rouge, à vif, en répétant dans un gémissement monotone le même mot: *"Bakchich... Bakchich... Bakchich."*

Je n'arrive pas à détourner les yeux des plaies du moignon. Serait-ce la lèpre? Là, directement au grand air, sans aucun pansement, et avec un essaim de mouches bourdonnant autour! J'ouvre mon sac pour prendre une pièce... puis je réalise que la seule monnaie que je possède est française.

Avant que je puisse décider de ce que je devais faire, je suis entourée par une troupe de gamins en haillons, qui crient et gesticulent tous en même temps. L'un d'eux me brandit une carte postale sous le nez, un autre tend à bout de bras un plateau de colifichets et de souvenirs, un troisième s'agenouille à mes pieds comme pour faire reluire mes chaussures. Du coin de l'œil, j'aperçois une dame de grande taille, d'un certain âge, cheveux gris fer, qui avance vers nous à grands pas. Elle pourrait être Suédoise!

"Etes-vous mademoiselle Christensen, du Danemark?" dit la dame en suédois, en repoussant les enfants avec toute la dextérité d'une personne expérimentée."

Je réponds en danois: "Oui, je suis Lydia Christensen. Vous êtes sans doute mademoiselle Gustafsson? C'est très aimable à vous d'être venue à ma rencontre.

– Bienvenue en Terre sainte! dit-elle en saisissant l'une de mes mains tendue de ses doigts osseux. Avez-vous fait un bon voyage?"

Sans me laisser le temps de répondre, elle continue: "Si nous voulons réussir à arriver à Jérusalem aujourd'hui, nous n'avons pas de temps à perdre. Attendez ici avec vos affaires pendant que je vais chercher un taxi."

Debout en attendant son retour, je promène le regard sur la scène qui se trouve devant moi, c'est-à-dire sur le lépreux, les gamins en haillons, les essaims de mouches, la plage jonchée un peu partout de boîtes de conserve vides et de fruits en train de pourrir. Par-dessus tout cela plane une odeur indéfinissable, inconnue, qui a tendance à me donner la nausée. Pour une telle scène, je n'aurais pas pu imaginer un titre aussi peu approprié que celui de "Terre sainte".

Ida Gustafsson est bientôt de retour avec un taxi. Suit alors entre elle et le chauffeur une conversation en arabe qui s'éternise. Je comprends qu'ils sont en train de marchander le prix de la course pour Jérusalem. La voix de l'un comme de l'autre s'élève comme s'ils étaient en colère. Je me demande s'ils vont en venir aux mains. Mais non, ils finissent manifestement par tomber d'accord. Se pourrait-il que ce soit la manière normale de conduire une conversation en arabe?

Le conducteur entasse mes bagages dans le coffre et nous nous mettons en route pour Jérusalem. Comme nous quittons les faubourgs de Tel-Aviv, la nuit tombe. Une fois de plus, l'obscurité me prend par surprise, comme sur le port de Marseille; à un moment le soleil brille, et quelques instants plus tard seulement tout est dans l'obscurité.

Je remarque aussi que dès qu'il fait nuit les rues sont vides. Même quand nous traversons le centre d'une ville, il n'y a personne dehors, dans les rues. Une fois que nous avons quitté Tel-Aviv, il n'y a plus d'éclairage public, même dans les villes de quelque importance.

A mesure que mes yeux s'adaptent à l'obscurité, je constate que toutes les fenêtres sont protégées par des volets de bois. Ici et là, les pâles rayons d'une lampe filtrent à travers une fente des volets, mais cette faible lumière sert à accentuer plutôt qu'à dissiper l'obscurité environnante. Je ne peux m'empêcher de faire la comparaison avec la luminosité et la sécurité d'une ville danoise, même petite, la nuit, et me voilà envahie par le mal du pays.

Je dois savoir. "Pourquoi n'y a-t-il personne dans les rues?

– Oh! Les gens ne sortent jamais après la tombée de la nuit! s'exclame mademoiselle Gustafsson. Ils seraient attaqués et volés, peut-être même tués (son rire fuse, nerveux et aigu)!

– N'y a-t-il pas de police pour protéger les gens?

– Oh si! Il y a une police, formée sur le modèle britannique, tout à fait efficace, à la manière coloniale. Mais si vous étiez attaquée dans la rue la nuit, les policiers vous diraient probablement que nous n'avez qu'à vous en prendre à vous-même, pour être dehors à une heure aussi déraisonnable! C'est un héritage de l'époque turque (de nouveau ce rire plutôt tendu!)."

La route commence à monter en tournant et je discerne les contours sombres des chaînes de montagnes de chaque côté. Je pense que nous devons commencer à grimper vers Jérusalem. Mon pouls se met à battre un peu plus vite.

Un moment après, nous arrivons à un endroit où la route semble revenir sans arrêt en arrière sur elle-même. "Ces lacets sont connus sous le nom des Sept Sœurs, explique mademoiselle Gustafsson. Nous ne sommes pas très loin de Jérusalem, maintenant."

Je me rends compte que, d'un côté, se dresse la masse sombre d'une montagne, et, de l'autre, il semble y avoir un abîme sans fond. Le chauffeur prend chaque tournant en rasant le bord de la route. A chaque fois, la voiture crisse et oscille, et une odeur de caoutchouc brûlé s'échappe des pneus. De temps en temps, Ida Gustafsson se penche en avant pour parler au chauffeur: "*Shivoya... Shivoya!* dit-elle. *Shivoya... Shivoya!*"

Puis elle se retourne vers moi pour m'en donner l'explication: "C'est le premier mot que vous avez besoin d'apprendre pour voyager en taxi dans ce pays. Il signifie *lentement* ou *attention*!" Je le repasse dans ma tête plusieurs fois afin de l'avoir tout prêt pour l'utiliser dans l'avenir.

La journée a été fatigante et je commence à somnoler. La voix de mademoiselle Gustafsson me tire de ma torpeur: "Voici les faubourgs de Jérusalem (aussitôt je suis tout à fait réveillée). Nous sommes dans la rue de Jaffa, qui va nous conduire tout droit au centre-ville."

L'air est calme et le ciel sans nuages. Le mince croissant de la nouvelle lune ajoute un peu de lumière à celle qui filtre de myriades d'étoiles, et je peux distinguer les silhouettes des maisons avec une clarté surprenante.

"Comme tout est calme! Comme les maisons paraissent solidement construites!

– Elles sont solides, répond mademoiselle Gustafsson. Elles sont bâties avec des pierres taillées. Aucun autre matériau n'est permis à l'intérieur de la ville. (Elle se penche en avant pour dire quelque chose en arabe au chauffeur.) Je lui ai demandé de faire un petit détour. L'itinéraire que nous allons suivre nous mènera à l'angle nord-ouest de la vieille ville, descendra en longeant le mur ouest et passera devant la porte de Jaffa. Ce sera pour vous une bonne première approche de Jérusalem."

Un peu plus loin, la rue s'élargit devant nous. "C'est la place Allenby, m'explique-t-elle. Cette masse sombre en pierre, juste en face, c'est le rempart de la vieille ville."

Je m'efforce de distinguer les rangées de pierres taillées qui s'élèvent pour se terminer par une ligne dentelée qui se détache sur le ciel nocturne. Le taxi oblique vers la droite. Nous longeons, à notre gauche, la silhouette sombre de la muraille sur un quart de mile environ. Quelle étrange association de silence et de puissance! Nous avons presque l'impression d'être un intrus.

Mademoiselle Gustafsson me touche le bras en pointant du doigt vers la gauche: "Cette tour, là, qui s'élève au-dessus du mur, c'est la tour de David. C'est là que se trouve la porte de Jaffa. Mais naturellement, elle a été fermée et verrouillée au coucher du soleil."

Peu après avoir dépassé cet endroit, le taxi tourne à droite sur un pont, puis gravit deux ou trois pentes raides. "Voici Talbieh, le quartier où je vis", me dit-elle. Puis elle s'adresse de nouveau au chauffeur en arabe.

Nous nous arrêtons enfin devant un bâtiment étroit et rectangulaire. Le chauffeur descend mes bagages sur le trottoir, puis Ida Gustafsson lui donne de l'argent. Pas un rayon de lumière, ni dehors ni dedans, n'éclaire le bâtiment, mais mademoiselle Gustafsson n'en a manifestement pas besoin. Elle s'empare de ma valise, passe devant et gagne une porte métallique massive au rez-de-chaussée. Je la suis en portant ma malle d'osier à deux mains, devant moi.

Elle tire une grande clé de son sac et ouvre la porte. Après avoir tâtonné dans l'entrée, elle trouve des allumettes et allume une lampe à pétrole. La lampe dans l'une de ses mains, elle me conduit à la salle de séjour. Le sol dallé de pierre est partiellement recouvert d'un tapis usé jusqu'à la corde. Le mobilier est de style victorien, sombre et poussiéreux. L'air est confiné et imprégné d'une indéfinissable odeur qui me rappelle les magasins de vêtements d'occasion.

'"Ma chambre à coucher est là, me dit-elle en indiquant une porte entrouverte à un bout de la pièce. Je vais vous faire un lit ici, sur le canapé."

Elle va chercher deux draps étroits dans un placard et les déploie sur le canapé, puis elle étend par-dessus un couvre-pied en patchwork aux couleurs fanées. En guise d'oreiller, elle fourre sous le drap, à un bout du canapé, un coussin garni de paille. Je n'ai rien eu à manger ni à boire depuis le déjeuner et je meurs de soif.

"Pourrais-je avoir un verre d'eau?"

Elle me regarde comme si ma requête était extrêmement déraisonnable: "De l'eau! Voyons, certainement pas! L'eau est contaminée. Si vous en buvez, vous allez être malade."

Bon, je suis probablement assez fatiguée pour dormir en dépit de ma soif. Je suggère: "Peut-être pourrions-nous ouvrir une fenêtre? L'air est si renfermé."

Une fois encore, elle me fixe de ses yeux sombres. Son regard redouble la véhémence de ses paroles: "Ouvrir une fenêtre? Jamais! Les serpents entreraient!"

Un frisson involontaire descend le long de mon échine. "Y a-t-il vraiment des serpents si près?

– Bien sûr qu'il y en a! Et ce n'est pas tout!"

A la fin de chaque remarque fuse cet étrange rire haut perché, qui commence à m'affecter nerveusement. De l'eau contaminée, des serpents tapis derrière la fenêtre!... Je me demande ce qu'il peut bien y avoir d'autre encore. Mais je suis trop terrifiée pour poser d'autres questions.

Dès que je m'allonge sur le canapé, mademoiselle Gustafsson va dans sa chambre en emportant la lampe. Quelques minutes plus tard, j'entends qu'elle l'éteint.

Je suis couchée dans le noir, essayant désespérément d'ignorer ma soif, mais celle-ci ne fait qu'empirer. Je me rappelle que, sur une table dans le coin de la pièce, j'ai vu une grenade sur un plat.

Si seulement je pouvais l'ouvrir et sucer une ou deux gorgées de jus, je sens que je pourrais tenir jusqu'au matin. Je me lève tout doucement et me dirige vers la table sur la pointe des pieds. Comme j'avance une de mes mains pour prendre la grenade, la manche de ma chemise de nuit frôle une poterie tout près du bord. Et voilà le pot qui tombe sur le sol de pierre et se brise en mille morceaux, dans un fracas retentissant. Un cri à vous figer le sang dans les veines monte de la chambre à coucher. L'instant d'après, la silhouette de mademoiselle Gustafsson en longue chemise de nuit blanche se profile sur l'obscurité de la porte de sa chambre.

"Au voleur! crie-t-elle. Au voleur! Ils ont forcé l'entrée!

– Non, mademoiselle Gustrafsson (j'essaie de la rassurer), personne n'a forcé la porte. Je cherchais à prendre quelque chose sur la table et j'ai heurté le pot qui est tombé! Je suis désolée!

– Oh! c'est vous! dit-elle. Merci Seigneur! J'avais oublié que vous étiez là."

Elle retourne à sa chambre et je continue à tâtonner jusqu'à ce que je localise la grenade. Je n'ai pas de couteau pour l'entamer. J'enfonce les ongles dans sa chair, réussis à l'entrouvrir avec les doigts et à sucer une petite quantité d'un jus plutôt acide. Puis je reviens sur la pointe des pieds m'allonger sur le canapé.

Quoique fatiguée, je n'arrive pas à me détendre. Mademoiselle Gustafsson occupe mes pensées. Ses craintes sont-elles fondées? Ou s'agit-il des fantasmes d'un esprit affecté par des années d'une vie solitaire à Jérusalem? Combien de temps mes propres nerfs vont-ils résister?

En attendant, il est clair qu'elle n'a vraiment pas de place pour loger plus d'une personne. Son étroit canapé rembourré de paille ne peut remplacer un vrai lit.

Inconsciemment, je commence à prier: "Seigneur, si tu as un autre endroit, un endroit que tu as choisi pour moi, j'aimerais, s'il te plaît, que tu m'y conduises *vite*!"

Mais de quel côté pourrais-je, ne serait-ce qu'envisager, me tourner? A part mademoiselle Gustafsson, je n'ai aucun nom, aucune adresse de personne dans toute la ville. Un sombre nuage d'émotions m'envahit. Il a pour nom solitude, mal du pays, insécurité, le tout se combinant à l'odeur de moisi du salon de mon hôte.

Finalement, je sombre dans un sommeil agité. Dans mes rêves, je me vois en taxi, fonçant à toute allure dans des tournants en épingles à cheveux, poursuivie par une forme blanche qui hurle et crie: "Au voleur! Au voleur! Au voleur!"

* * * * * * *

Chapitre 7

Jérusalem

Le lendemain matin, au petit déjeuner, je remarque que mademoiselle Gustafsson prend bien soin de faire bouillir chaque goutte d'eau que nous allons boire. Le café qu'elle nous sert soulage enfin ma soif. Je suis déterminée à déménager de son salon dès que possible. Mais où aller? Je n'en ai aucune idée. Ma prière de la veille me revient en mémoire. Est-ce que je crois vraiment que Dieu va me montrer sans tarder où je dois aller habiter?

Le petit déjeuner s'achève. "Mademoiselle Gustafsson, il me faut vous rembourser les frais de taxi et les autres dépenses d'hier. Pourriez-vous me dire où je peux encaisser des chèques de voyages?

– Le mieux, c'est d'aller à la banque Barclay. Elle se situe sur la place Allenby. Nous avons passé devant, hier soir. J'ai aussi à faire là-bas."

Le soleil brille fort dans un ciel sans nuages quand nous sortons pour aller à la banque. Dès le commencement, je suis déterminée à apprendre tout ce que je pourrai concernant la ville dans laquelle Dieu m'a amenée, même si je ne sais toujours pas ce qu'il va me donner à faire ici.

"Comme tout paraît sec et poussiéreux!

– Nous n'avons pas eu de pluie depuis le mois d'avril, répond mademoiselle Gustafsson, mais nous nous attendons à des chutes de pluie abondantes pour le mois prochain – ce que la Bible appelle *la pluie de la première saison*."

A cinquante mètres devant nous, un petit troupeau de moutons et de chèvres broute dans un terrain vague au bord de la route. Un jeune homme, vêtu d'une longue tunique blanche, les garde, appuyé sur l'extrémité d'un bâton. Il est protégé du soleil par un foulard rouge et blanc, attaché autour de la tête par un cordon noir.

Ce jeune homme me semble étrangement familier. Pourtant, je sais que je ne l'ai jamais vu auparavant. Soudain, je m'arrête net sur le trottoir, le souffle coupé. Je repense aux hommes de la vision, assis sur le rocher. Le foulard sur la tête du jeune homme est fait de tissu à carreaux et non d'un blanc uni, et le cordon qui le retient est noir et non or. Mais autrement, le style de la robe est identique. Il m'est difficile de contenir mon émotion. Ce doit être réellement le pays que Dieu m'a montré dans la vision!

"C'est le costume arabe traditionnel, commente mademoiselle Gustafsson qui a remarqué mon intérêt. La plupart des Arabes le portent encore, mais d'autres commencent à mettre des costumes de style occidental."

Nous arrivons à une large route. Sur une plaque dans un angle, nous lisons: Avenue du roi George V. "C'est la rue principale. Elle traverse la ville nouvelle du nord au sud", dit mon hôte. Dans ce quartier, la plupart des gens sont habillés à l'européenne. En l'espace d'une centaine de mètres, j'entends des bribes de conversatin en plusieurs langues européennes en même temps qu'une ou deux à consonance orientale.

"Ce sont des immigrants juifs, explique mademoiselle Gustafsson. Depuis la guerre, ils ont afflué, ce qui irrite les Arabes et les rend amers. La tension monte continuellement. Avant longtemps, il va y avoir une explosion."

Dix minute plus tard, nous atteignons la place Allenby. Dans l'éclatante lumière du soleil, le mur de la vieille ville me paraît moins distant et mystérieux, et l'espace en contrebas est maintenant bourdonnant d'activité. Mais, par-dessus tout, l'impression de force silencieuse immuable est plus puissante que jamais.

En entrant à la banque, je me mets à débattre intérieurement du nombre de chèques de voyages que je dois retirer. J'ai horreur de les voir s'évanouir trop vite. Finalement, j'encaisse quarante dollars pour lesquels j'obtiens à peu près dix livres palestiniennes. J'en donne quatre (un peu plus de quinze dollars) à mademoiselle Gustafsson pour le taxi et les autres dépenses concernant son voyage à Tel-Aviv, en la remerciant chaleureusement de tout ce qu'elle a fait pour moi. Je reste avec six livres (un peu moins de vingt-cinq dollars) en liquide et soixante dollars en chèques de voyages. Pendant combien de temps cette somme peut-elle pourvoir à mes besoins?

Une fois mes affaires réglées, c'est au tour de mon hôte de passer à la caisse. Elle a quelques problèmes à propos d'un mandat venant de Suède qui s'est égaré. Je vais l'attendre dehors, sur l'escalier d'accès à la banque, pour observer les gens qui passent dans la rue. Peut-être y a-t-il parmi eux la femme à la jarre sur la tête...

Presque aussitôt, je repère une femme, de l'autre côté de la place, debout dans l'ombre du mur, tenant d'une main la jarre sur la tête. Serait-ce vraiment elle? Je scrute chaque détail de ses vêtements et de ses traits. Elle est, c'est certain, habillée de la même façon, mais elle n'a pas d'écharpe autour des hanches. De plus, la femme qui dansait sur le rocher avait un teint plus clair et était beaucoup plus jeune. Excitation et désappointement se mêlent. Sans aucun doute, je suis dans le pays, mais je n'ai pas vu la femme en question.

"Pardon de vous avoir obligée à attendre, dit mademoiselle Gustafsson en me rejoignant sur les marches quelques minutes plus tard. Nous allons rentrer par un autre chemin. Il me faut rendre visite à une missionnaire là-bas, à Abu Tor (elle fait un geste vague en direction du sud). Elle s'appelle Lorna Ratcliffe. Nous sommes responsables ensemble des rafraîchissements à la rencontre fraternelle mensuelle entre missions."

Mademoiselle Gustafsson traverse la place Allenby à grandes enjambées, en direction de l'endroit où la rue de Jaffa oblique vers le sud, en longeant la muraille occidentale de la vieille ville. Il me faut presque courir pour me maintenir à sa hauteur. Bientôt, nous nous trouvons prises dans un courant d'hommes et d'animaux, qui occupe toute la largeur de la route. Des ânes, des chameaux, portant des charges colossales dans des sacs ou des paniers d'osier nous bousculent sans ménagement. Les hommes qui les mènent les rouent de coups de bâton sans pitié, en hurlant des mots sauvages qui ressemblent à des malédictions. De temps en temps, un homme passe en titubant, courbé sous une charge que j'aurais estimée trop lourde pour un âne.

"Ils vont au marché à l'intérieur de la vieille ville", dit mademoiselle Gustafsson.

A cet instant, le ballot d'un âne qui passe près de moi me heurte si brutalement dans le dos, que j'en perds presque l'équilibre.

"Le principe stipulant *les dames d'abord* ne semble pas avoir cours dans cette partie du monde.

– Vraiment pas! rétorque mon hôte. C'est exactement l'inverse. Vous voyez cet homme à la canne et la femme derrière lui avec le gros ballot sur la tête? C'est la règle dans ce pays. L'homme va devant à son aise et la femme suit derrière en transportant tout.

– Pourquoi a-t-elle ce voile noir sur le visage?

– Parce qu'elle est musulmane. C'est considéré comme indécent pour une femme musulmane de montrer son visage en public."

Un homme se tient debout sur le côté de la route, un grand récipient de cuivre semblable à une cruche attaché sur le dos. Du haut de la cruche part un long bec étroit qui dépasse par-dessus une épaule. L'homme tient d'une main une tasse en métal, de l'autre deux petites plaques de cuivre qu'il fait claquer avec force, sans arrêt, l'une contre l'autre, pour annoncer sa présence. Ce faisant, il n'arrête pas de crier: *"Moya barideh! Moya barideh!"*

"Cela signifie "eau fraîche", explique mon hôte. Il vend de l'eau à boire."

A cet instant, un client s'avance. L'homme à la cruche se courbe prestement, ce qui projette par le bec un mince filet d'eau, qu'il capte avec adresse dans sa tasse. Puis il la tend à son client qui lui donne en échange quelque menue monnaie. J'attends pour voir s'il essuie la tasse avant le client suivant... mais non! Cette idée de vendre de l'eau, au sens propre, est toute nouvelle pour moi. La promesse de Christ de donner "l'eau de la vie gratuitement" à quiconque a soif prend un sens bien plus grand (voir Apocalypse 22:17).

Quand nous atteignons la porte de Jaffa, la plupart des gens bifurquent sur la vieille ville. Nous nous arrêtons un moment pour les regarder s'engouffrer par la porte, comme les eaux d'un large fleuve soudain resserrées dans une gorge étroite. Nous continuons ensuite vers le sud, en longeant sur notre droite un étang peu profond, rempli d'une eau brune. Ici, nous faisons une nouvelle pause. Ida Gustafsson se retourne pour me montrer le mur sud de la vieille ville. "Voici la colline de Sion, dit-elle. Mais naturellement, "Sion" désigne souvent la ville tout entière. Le mot remonte au temps de David."

Environ un quart de mile plus loin, nous tournons à gauche pour emprunter un chemin poussiéreux qui grimpe en serpentant vers un groupe de maisons au sommet d'une colline. "C'est là qu'habite mademoiselle Ratcliffe", dit mon hôte en s'arrêtant devant une maison à deux étages au toit plat. Je la suis en montant les quelques marches d'un escalier qui mène à une porte en fer. Elle frappe à grands coups. Une femme à la peau foncée vient nous ouvrir. Elle porte une longue robe qui tombe en plis amples jusqu'à ses pieds nus. Après un échange de salutations en arabe avec mademoiselle Gustafsson, elle nous conduit par un grand hall d'entrée à une pièce meublée en partie comme un bureau et en partie comme un séjour.

Une petite dame aux cheveux gris se lève de derrière un bureau à cylindre en bois pour venir nous saluer. Il me semble qu'elle approche de la soixantaine. Elle porte une robe à manches longues d'un tissu gris sombre, qui la couvre entièrement du cou aux chevilles. Seuls un étroit col blanc empesé et des poignets blancs en agrémentent le gris.

Mademoiselle Gustafsson commence les présentations: "Mademoiselle Ratcliffe, voici mademoiselle Christensen. Elle vient d'arriver du Danemark.

– Du Danemark? Qu'est-ce qui vous a poussée à venir si loin, jusqu'à Jérusalem? La voix de mademoiselle Ratcliffe est douce, mais étonnamment profonde. Etes-vous missionnaire?

– Eh bien! pas exactement. Mais je crois que Dieu m'a amenée à Jérusalem pour un but..." Je fais une pause. Ce que je viens d'exprimer me paraît fou. Est-ce aussi ce que pense mademoiselle Ratcliffe?

"Logez-vous à l'hôtel ou chez des amis?

– Mademoiselle Gustafsson a été très aimable de me permettre de passer la nuit dernière sur son canapé, mais je n'ai pas encore d'endroit où habiter."

Les yeux de mademoiselle Ratcliffe semblent me jauger. "J'ai une pièce qui est vide, au sous-sol. Aimeriez-vous y jeter un coup d'œil?"

Comme une personne qui fait un rêve, je me retrouve en train de suivre mademoiselle Ratcliffe qui descend au sous-sol par un escalier intérieur. Elle ouvre une porte et me précède dans une grande pièce dont les murs et le sol sont en pierre. Je m'arrête dans l'encadrement de la porte et fais rapidement des yeux le tour de la pièce. Il ne me faut que quelques instants pour en retenir les détails. Les murs et le sol sont complètement nus, mais deux portes en bois dans un angle indiquent la présence d'une sorte de placard mural. Tout l'équipement se réduit à quatre meubles qui sont un lit et une commode à gauche, une table et une chaise à droite. A l'autre bout de la pièce, il y a une porte métallique et, à gauche de la porte, une fenêtre munie de barreaux épais, au travers de laquelle j'aperçois le contour d'un escalier de pierre.

Pendant que mes yeux saisissent ces détails, une sensation de douce chaleur m'envahit. Cette même sensation, je l'ai expérimentée pour la première fois à Korsor, quand j'ai commencé à prier au sujet d'un éventuel départ pour Jérusalem. Est-ce le Saint-Esprit qui me dit: "Maintenant, tu brûles"?

La chaleur intérieure fait un étrange contraste avec la scène dépouillée qui me fait face. Se peut-il que ce soit vraiment là l'endroit que Dieu a préparé pour moi? Je me rappelle ma prière de la nuit dernière; j'avais demandé à Dieu de me montrer *vite* où je devais aller. Si c'est sa réponse, elle arrive bien plus vite que je m'y attendais!

La voix de mademoiselle Ratcliffe interrompt mes pensées: "Cette porte donne sur une cour en contrebas de la rue, avec un escalier pour la rejoindre, de sorte que vous auriez votre entrée privée, sans avoir à traverser la partie de la maison que nous occupons.

– Mademoiselle Ratcliffe, tout s'est produit si soudainement que je ne sais réellement pas quoi dire.

– Pourquoi ne prenez-vous pas un petit moment pour prier à ce sujet avant de décider?" L'instant d'après, elle est partie.

Abandonnée à moi-même, je m'agenouille auprès du lit pour demander à Dieu une réponse claire. Inconsciemment, je commence à me représenter ma salle de séjour à Korsor: le fauteuil de velours vert, le tapis Wilton, le piano en noyer, les rideaux brodés d'or. La pression du sol de pierre contre mes genoux semble accentuer le contraste avec ma situation actuelle. Qu'est-ce que Dieu peut bien avoir à me donner à faire dans un tel endroit?

Je ne peux trouver aucune réponse à cette question, et pourtant je ressens toujours en moi cette étrange chaleur réconfortante. La décision que j'ai prise à l'hôtel à Marseille me revient à la mémoire; je ne veux plus m'appuyer sur mes propres raisonnements pour organiser ma vie. Je veux simplement mettre ma main dans celle de Dieu et le laisser me conduire pas après pas.

"Père, si c'est toi qui m'as amenée à cet endroit, alors je suis contente d'être ici." A l'instant même où je prononce ces mots, mon questionnement intérieur cesse. Je sais que je suis dans le lieu du rendez-vous de Dieu. Je me relève et retourne dans le séjour pour accepter l'offre de mademoiselle Ratcliffe.

"Magnifique, mademoiselle Christensen! Quand aimeriez-vous emménager?"

Avant que j'aie le temps de répondre, mademoiselle Gustafsson intervient:

"Elle peut le faire aujourd'hui. Nous irons directement chez moi chercher ses affaires. Elle n'a pas grand-chose, de toute façon."

A seize heures, je suis installée chez mademoiselle Ratcliffe, au sous-sol. Mes quelques robes sont suspendues d'un côté du placard situé dans le mur. Mes ustensiles de cuisine sont logés sur les étagères, de l'autre côté. Le reste de mes vêtements et mes autres affaires tiennent aisément dans la commode branlante. Un couvre-lit jaune, en tissu chenille, ajoute une touche colorée de bienvenue aux montants de fer noir du lit. Devant la fenêtre, ma malle d'osier, vidée de son contenu, joue bien son rôle comme meuble d'appoint.

Un ancien occupant a laissé un clou rouillé dans le mur, au-dessus du lit. C'est apparemment la bonne place pour suspendre le calendrier de Kristine Sonderby, avec l'image du berger.

Comme le crépuscule tombe, mademoiselle Ratcliffe se présente à ma porte avec une lampe à pétrole allumée: "Voilà une chose dont vous aurez besoin, dit-elle. Vous me la rendrez quand vous trouverez le temps de vous en acheter une." Elle place la lampe sur la table et s'assied sur la chaise. "Racontez-m'en davantage sur la façon dont vous êtes venue à Jérusalem", continue-t-elle.

Je m'assieds sur la malle et commence à lui raconter comment Christ s'est révélé lui-même à moi au Danemark, et comment j'ai finalement abandonné ma situation de professeur pour venir à Jérusalem. Je conclus par ces mots: "Même maintenant, je ne sais toujours pas ce que Dieu va me donner à faire ici.

– Il y a dix ans, je suis moi aussi arrivée à Jérusalem sans savoir ce qui m'attendait ici", me répond-elle. Elle continue en décrivant le travail qui s'est peu à peu mis en place comme une école du dimanche, une classe biblique pour les femmes, l'évangélisation dans les prisons et auprès des soldats et des policiers britanniques. Elle s'arrête pour régler la lampe et son visage est pendant quelques instants illuminé par ses rayons. Un réseau de fines rides témoigne de plusieurs années d'exposition au soleil.

"Cela a été dix années difficiles, dit-elle, avec beaucoup de peine et de déceptions. Mais notre Seigneur lui-même nous a avertis de ce qui nous attend quand il a dit: "O Jérusalem, Jérusalem, qui tues les prophètes et qui lapides ceux qui te sont envoyés..." (Luc 13:34). Vraiment, il n'y a aucune autre ville au monde comme Jérusalem.

– Regrettez-vous donc d'être venue?

– Non, mademoiselle Christensen. Je ne regrette pas. En dépit de tout, Jérusalem est une récompense en soi. Elle demande que vous l'aimiez si totalement qu'aucune souffrance, ni aucun découragement, ni aucun danger ne puisse jamais changer votre amour pour elle." Elle sourit. "C'est pourquoi, voyez-vous, le psalmiste dit: "... si je ne fais de Jérusalem le principal sujet de ma joie."

Quand enfin elle se lève pour partir, je la retiens: "Il y a une chose que vous ne m'avez pas dite encore. Quel est le loyer de ma pièce?"

Mademoiselle Ratcliffe me regarde, l'ébauche d'un sourire au coin des lèvres. "Pouvons-nous dire huit dollars par mois?"

Quand elle est partie, je place ma Bible sur la table, sous la lampe, et me tourne vers le livre des Psaumes. Je veux lire par moi-même les paroles citées par mademoiselle Ratcliffe concernant Jérusalem. Je finis par les trouver:

> "Si je t'oublie, Jérusalem, que ma droite m'oublie! Que ma langue s'attache à mon palais, si je ne me souviens de toi, si je ne fais de Jérusalem le principal sujet de ma joie (Psaume 137:5-6).

Je ferme la Bible et regarde autour de moi. La sévérité des murs nus est un peu adoucie par les ombres. Un profond sentiment de paix semble descendre s'installer dans la pièce. C'est mon nouveau chez-moi! Comme je suis reconnaissante d'être là! J'incline la tête dans l'adoration: "Merci, Seigneur. Merci de ce que je sois ici, à Jérusalem!"

Le lendemain, mon hôte m'invite à monter pour prendre le petit déjeuner avec elle. Pendant le repas, elle commence à me donner quelques conseils pour m'installer: "Une des premières choses que vous devriez faire est d'ouvrir une boîte postale, dit-elle. La distribution du courrier à domicile n'est pas fiable. Ensuite, bien sûr, il vous faudra de l'épicerie et un primus.

– Un primus? Qu'est-ce?

– C'est un réchaud qui fonctionne au pétrole. C'est ce que la plupart des gens utilisent à Jérusalem pour faire la cuisine."

Elle saisit une petite cloche de cuivre posée près de son assiette et l'agite deux ou trois fois. Une porte s'ouvre derrière elle; une femme entre et vient se placer près de sa chaise. Je reconnais la femme sombre de peau qui est venue nous accueillir à la porte, la veille.

"Voici Maria, dit mademoiselle Ratcliffe. Elle ne comprend que peu d'anglais, mais je vais lui dire où vous conduire et ce que vous avez besoin d'acheter." Elle se tourne vers Maria et lui parle en arabe.

"Je lui ai demandé de vous conduire d'abord à la poste, explique-t-elle. Puis vous pourrez descendre jusqu'à la porte de Damas et revenir par la vieille ville. Vous trouverez là-bas, en traversant les marchés, les choses dont vous avez besoin. Maria s'occupera de l'argent à votre place."

Cinq minutes plus tard, Maria et moi marchons côte à côte vers le centre de Jérusalem. Sur le sommet de la tête, elle a un anneau de tissu torsadé sur lequel repose un panier rond peu profond, fait de roseaux entrelacés. Cela me rappelle, une fois de plus, la femme de la vision portant une cruche sur la tête. C'est apparemment normal, pour les femmes arabes, de porter des choses de cette façon sur la tête, sans avoir conscience de fournir un effort.

Maria ne connaît que quelques mots d'anglais, mais elle sait m'indiquer d'une main les principaux endroits intéressants. Nous reprenons l'itinéraire que j'ai emprunté le jour avant avec mademoiselle Gustafsson en suivant la rue de Jaffa vers le nord. A la place Allenby, nous tournons à droite pour la poste. Là, pour quatre dollars, je loue une boîte postale personnelle pour les douze mois à venir. En continuant vers l'est, le long de la muraille nord de la vieille ville, nous arrivons à une grande porte voûtée.

"La porte de Damas", dit Maria.

Dans le grand espace pavé qui est devant la porte sont rassemblés des troupeaux de brebis, d'ânes et de chameaux. De chaque côté, le long du mur, sur une bonne distance s'alignent des étals en planches, garnis de rangées de sacs ouverts. Dans un secteur, les sacs contiennent diverses variétés de farine grossièrement moulue. Un peu plus loin, ce sont des sacs de riz, de sucre et de lentilles. Sur d'autres étalages sont empilées des montagnes de charbon et de bois de chauffage.

Un homme est appuyé contre l'un des piliers de pierre de la porte, une grande hotte d'osier attachée sur le dos. Maria lui fait signe comme nous entrons par la porte, et il se met à nous suivre. Nous nous trouvons bientôt dans un dédale de rues pavées étroites qui se faufilent entre des rangées de petites boutiques. Dans certains endroits, les rues sont couvertes de voûtes en pierre. Dans d'autres, les murs des maisons des deux côtés s'avancent en surplomb au point qu'ils sont près de se rencontrer au milieu de la rue. En dessous règne une sorte de demi-jour artificiel. Je me demande comment chacun peut y retrouver son chemin, mais Maria semble parfaitement chez elle. Chaque quartier est spécialisé dans un commerce particulier. Il y a une rue pour les ferblantiers et autres travailleurs du métal, une autre pour les cordonniers. Je remarque une zone où sont exposés des tapis de toutes sortes et une autre réservée à la porcelaine, la verrerie et la poterie. Nous traversons tout un quartier pour les fruits et les légumes, puis un autre où plusieurs sortes de viande de boucherie sont exposées. Des essaims de mouches planent autour de la viande, mais personne n'a l'air de se soucier de les chasser.

Tandis que je suis devant la boutique d'un boucher à attendre Maria, un homme me bouscule en passant avec une brouette et renverse sur le pavé un monceau de têtes de moutons fraîchement décapitées et écorchées. Avant que j'aie eu le temps de revenir de mon émotion, un deuxième homme le suit avec une brouette encore plus grande contenant les carcasses des moutons. Je me demande si je pourrai jamais désormais trouver quelque plaisir à manger du mouton!

A un croisement, Maria me désigne une rue pratiquement déserte. "*Yahoud*! dit-elle. Juifs!" Elle pose sa tête sur ses mains comme sur un oreiller dans la position de quelqu'un qui se repose. Je réalise que nous sommes samedi et que les juifs célèbrent leur sabbat.

Cependant, partout ailleurs le brouhaha et l'animation sont intenses. Un flot continu d'hommes et d'animaux se fraient un chemin dans les deux directions, à travers le goulet étroit des rues. A l'intérieur des boutiques, des clients discutent les prix à grand bruit avec les marchands en les surveillant de près quand ils pèsent la marchandise dans les balances de métal suspendues au plafond.

Il y a les accents rauques d'une langue avec laquelle je ne suis pas familiarisée, mais aussi un étrange mélange d'odeurs violentes dont l'air est imprégné: hysope, poivre, café grillé, graisse cuite, pain qui sort du four, ail de l'haleine de tout un chacun, sueur des hommes et des bêtes, excréments d'innombrables animaux. L'impact global sur mes sens est à la limite du supportable.

Je remarque que le prix n'est indiqué sur aucun article. Chaque achat entrepris par Maria lui demande une période de discussion animée avant qu'elle se décide à remettre quelque argent. Si elle n'est pas satisfaite des prix dans une boutique, elle passe à la suivante. L'idée de marchander le prix d'une livre de pommes de terre ou d'une douzaine d'œufs m'est totalement nouvelle. Manifestement, le temps compte peu ici. L'homme à la hotte nous suit patiemment d'étal en étal. Quand un marché est conclu, il se penche en avant en présentant l'ouverture de la hotte à Maria qui y met son achat.

Enfin, nous émergeons tous les trois dans un endroit plus dégagé qui mène à une porte métallique monumentale que Maria nomme la porte de Jaffa. Maintenant, la hotte de l'homme est pleine. On y distingue au fond, à travers le treillis d'osier, un bidon de pétrole de quatre gallons[*]. Entassé par-dessus se trouve un assortiment de denrées alimentaires comme des tomates, des concombres, des pommes de terre, des olives noires, du fromage de chèvre, un paquet de sucre, ainsi que des légumes que je n'avais encore jamais vus. L'empilement est couronné par un primus, une pelle à poussière, une grande boîte d'allumettes et trois bouteilles de verre contenant respectivement du lait, de l'huile d'olive et de l'alcool à brûler. La tête d'un balai, dont le manche est coincé au milieu des légumes, dépasse tout le reste.

De plus Marie transporte, dans le panier qu'elle a sur la tête, des petites miches rondes et plates de pain bis et une douzaine de petits œufs. Dans l'une de ses mains, elle tient une lampe à réservoir sphérique surmonté d'une cheminée de verre. Ma part de la charge totale est minuscule, mais très importante pour moi, puisqu'il s'agit de la clé de la boîte postale que je viens de louer, serrée précieusement au fond de mon sac. Au milieu de tant de choses nouvelles et étranges, cette petite clé, d'une certaine

---

[*] Environ dix-huit litres

façon, me relie encore au Danemark.

Après avoir franchi la porte de Jaffa, nous émergeons une fois de plus en plein soleil. Il faut quelques instants pour que les yeux s'habituent à l'éclat de la réverbération sur la poussière et sur les rochers. Après avoir descendu la route sur quelques mètres, je me retourne afin de promener mon regard sur le mur de la vieille ville en direction du nord. Je n'avais pas encore réalisé qu'il y avait une telle variété de couleurs sur ce mur! Le long des pierres de la porte de Jaffa courent plusieurs tons de gris, mais les pierres du mur qui monte vers le nord ont une teinte chaude, d'un brun délicat, qui rougeoie dans la lumière du soleil.

Quand nous sommes de retour chez mademoiselle Ratcliffe, l'homme à la hotte descend l'escalier de pierre qui donne sur la cour; là, il s'agenouille et attend patiemment pendant que Maria extraie ses achats de la hotte. La vive discussion qui s'engage alors entre eux n'a désormais plus de quoi me surprendre. Manifestement, ils sont en train de fixer son salaire pour le travail de la matinée. Finalement, ils semblent s'être mis d'accord, et l'homme prend congé en faisant disparaître son argent quelque part dans les plis de son ample vêtement. J'ai l'impression qu'il est très satisfait de la somme qu'il a reçue, mais qu'il ne désire pas le laisser paraître.

Je remercie chaleureusement Maria de son aide, puis je m'attelle à la tâche de ranger tout ce que nous avons acheté. Les plus petits articles vont sur les étagères, les grands sont disposés avec autant de goût que possible par terre, à côté du placard. Enfin, je prends mon balai neuf et balaie le sol.

Mademoiselle Ratcliffe m'a brièvement expliqué que la monnaie palestinienne est basée sur le système décimal. Une *livre* est divisée en cent *piastres*, et une piastre est à son tour divisée en dix *millièmes*. Quand ma chambre est de nouveau en ordre, je fais le compte de ce que j'ai dépensé comme suit:

Alimentation	89 piastres (environ 3,56 dollars)
Pétrole	28 piastres
Alcool à brûler	6 piastres

Lampe	47 piastres
Primus	62 piastres
Pelle et balai	17 piastres
Homme à la hotte	<u>15</u> piastres
Total	264 piastres (environ 10,76 dollars)

Il me reste donc environ quatorze dollars en monnaie palestinienne et soixante en chèques de voyages non encaissés. Je commence à calculer combien de temps cette somme va me durer, puis je décide que c'est du temps perdu. Mes ressources vont manifestement s'épuiser avant longtemps. Une semaine ou deux de plus ou de moins ne fera de toute façon pas beaucoup de différence.

Dans l'après-midi, mademoiselle Ratcliffe descend pour voir comment je me débrouille. C'est l'occasion de lui poser la question de l'alimentation en eau, en mentionnant le fait que mademoiselle Gustafsson a parlé de contamination.

"Eh bien! la situation n'est pas si mauvaise que cela, répond-elle avec un sourire. En remontant les siècles, nous voyons que Jérusalem a toujours eu des problèmes d'eau. Aujourd'hui, l'eau de la ville est pompée en plusieurs endroits, mais presque toutes les maisons construites pendant la période turque ont des citernes souterraines dans lesquelles l'eau de pluie venant du toit est captée. C'est ce que nous avons ici. Avec les années, je suppose que mon estomac s'y est habitué. En tout cas, en temps normal, je ne fais pas bouillir mon eau."

Un peu plus tard ce jour-là, Maria me donne ma première leçon pour utiliser le primus. Elle remplit d'abord le réservoir de pétrole, puis verse sur le dessus en peu d'alcool à brûler qu'elle enflamme. Enfin, par des mouvements rapides sur la pompe à pression, elle force le pétrole à monter dans un tuyau vertical, pour sortir par les perforations du brûleur où la chaleur de combustion de l'alcool déclenche une flamme d'un bleu clair qui brûle avec un chuintement régulier.

Le même soir, je cuisine pour la première fois sur le primus deux œufs à la coque. J'y ajoute une salade de laitue, de tomates et de concombres, du pain noir, du fromage de chèvre, quelques olives et une tasse de thé chaud. J'attendris mon pain en le trempant dans de l'huile d'olive, mais je n'arrive pas à me persuader que l'huile réussisse jamais à remplacer du bon beurre danois!

Quand mon repas est terminé, je débarrasse la table et, dans le cercle de lumière que répand ma lampe neuve, j'ouvre ma Bible et déploie la carte de Jérusalem. Je trace premièrement sur la carte, avec soin, la route que Maria et moi avons suivie aujourd'hui. Elle monte du côté ouest de la vieille ville, longe le mur nord, descend par la porte de Damas, continue vers l'ouest jusqu'à la porte de Jaffa; le retour se fait le long de l'extrémité ouest de la vallée de Hinnom.

Ensuite, dans le livre des Psaumes, je commence à chercher les versets qui font référence à Jérusalem. Au bout d'un moment, je suis arrêtée par ces mots:

> "Tu te lèveras, tu auras pitié de Sion [...] Car tes serviteurs en aiment les pierres, ils en chérissent la poussière" (Psaume 102:14-15).

"Les pierres et la poussière..." Comme ces mots sont réels maintenant! Mais est-ce vraiment possible que quelqu'un tombe amoureux de ce genre de choses?

Plus loin, nouvelle pause:

> "Nos pieds s'arrêtent dans tes portes, Jérusalem"
> (Psaume 122:2).

Ce matin, c'est exactement ce que mes pieds ont fait.

"Priez pour la paix de Jérusalem, continue le psalmiste. Ceux qui t'aiment prospéreront" (verset 6[*]). Le peuple de Dieu d'alors avait vraiment beaucoup à dire sur l'amour de Jérusalem! Comme leur relation avec la ville était personnelle! Presque comparable à celle d'un enfant avec sa mère, ou d'un jeune homme avec sa fiancée!

---

[*] Version Darby

Plus tard, quand je m'agenouille pour prier avant d'aller au lit, ma pensée retourne à ce thème et je redis: "Merci, Seigneur, de m'avoir amenée à Jérusalem. Je ne comprends pas pourquoi je suis ici et je ne me sens pas digne d'être ici, mais, s'il te plaît, aide-moi à aimer cette ville comme tes serviteurs l'ont aimée tout au long des siècles."

* * * * * * *

Chapitre 8

Ma place

Le soir suivant est un dimanche. J'assiste au culte de mademoiselle Ratcliffe qui se tient le matin, dans une pièce longue et étroite au premier étage. Vingt-cinq personnes environ sont présentes, des femmes et des enfants pour la plupart. Un groupe d'enfants chante avec entrain des chœurs en arabe. J'en reconnais un, qui est la version arabe de "Jésus m'aime! Je le sais bien". Puis un policier britannique en uniforme fait un exposé sur l'importance de la lecture quotidienne de la Bible. Il est traduit par un arabe qui est apparemment lui aussi policier.

L'après-midi, j'écris une longue lettre à maman en lui racontant mon voyage et mes premières impressions sur Jérusalem. Je décide qu'à partir de ce jour, je vais lui écrire sans faute au moins une fois par semaine. J'écris aussi à Valborg, à Kristine Sonderby et au pasteur Rasmussen, en leur donnant ma nouvelle adresse.

Au cours des jours suivants, je commence à développer un mode de vie qui convient à mon nouvel environnement. Ayant reconnu le besoin d'être plus méthodique dans mes lectures bibliques journalières, je divise la Bible en trois sections principales qui sont les livres historiques de la Genèse jusqu'à Esther, les livres poétiques et prophétiques comprenant le reste de l'Ancien Testament et le Nouveau Testament. Chaque matin, je commence la journée par la lecture dans le Nouveau Testament; au milieu du jour, je prends les livres historiques, et le soir je termine la journée par les livres poétiques ou prophétiques.

De plus, je relève certains thèmes en rapport avec ma nouvelle situation: la ville de Jérusalem, la puissance de la prière, les diverses formes de service pour Dieu – étant donné que je cherche à découvrir celui pour lequel le Seigneur m'a donné rendez-vous à Jérusalem, et que, jusqu'à ce moment, c'est essentiellement au travers de la prière que Dieu m'a dirigée. Je choisis un crayon de couleur différente pour chaque thème: bleu pour Jérusalem, vert pour la prière, rouge pour le service, et je souligne chaque passage avec la couleur appropriée. A la fin de la journée, je compare les passages soulignés de la même couleur dans les trois parties de la Bible et je suis à chaque fois impressionnée par la façon dont ils s'éclairent mutuellement.

Je me rends compte d'une autre nécessité, celle de faire des progrès en anglais. Je prends ainsi la décision d'inclure l'étude de cette langue dans ma lecture de la Bible; les deux livres étant posés côte à côte, je lis d'abord le danois, puis l'anglais. Dès que je sens que je maîtrise une nouvelle phrase, je la mets à l'épreuve au cours d'une conversation avec mademoiselle Ratcliffe. De temps en temps, un sourire s'esquisse sur ses lèvres, quand je dis par exemple que j'ai "ceint" mon manteau ou "embrasé" mon primus; quand je déclare que "mes entrailles se sont émues d'allégresse", elle éclate franchement de rire.

D'autre part, je réserve du temps pour prier pour mes anciens collègues de Korsor. En me rappelant qu'ils se rassemblent chaque jour en salle des professeurs pour la pause café, au milieu de la matinée, et en tenant compte du décalage horaire, je me fais un devoir de prier pour eux à ce moment même, demandant à Dieu qu'il veuille bien, d'une manière ou d'une autre, se manifester à eux d'une façon aussi réelle qu'il l'a fait pour moi.

Peu de jours après, mademoiselle Ratcliffe me contacte au sujet de la nécessité d'apprendre la langue du pays.

"Plus tôt vous vous y mettrez, mieux ce sera.

– Par quelle langue me conseillez-vous de commencer?

– Cela ne sert à rien d'apprendre l'hébreu, car fort peu de gens le parlent. Les Juifs nés ici parlent principalement l'arabe. Ceux qui ont immigré parlent la langue du pays d'où ils viennent, et d'autres une forme de yiddish. L'arabe est la langue dont vous aurez le plus besoin. La dame qui joue du piano le dimanche matin est professeur de langue.

Je m'entends avec cette dame arabe pour qu'elle me donne cinq leçons d'une heure par semaine, pour la somme de deux dollars. Après la première quinzaine, je suis prête à abandonner.

Certaines consonnes, spécialement les gutturales, ne ressemblent à rien de ma propre langue, ni d'aucune autre langue que j'aie jamais entendue. Ma gorge souffre quand je m'efforce de les prononcer. L'écriture non plus n'a rien à voir avec ce qui m'est familier; elle va de droite à gauche, et chaque lettre prend trois formes différentes selon qu'elle se présente au commencement, au milieu ou à la fin du mot. Le vocabulaire n'est pas moins redoutable. Mon professeur mentionne qu'il y a en fait quarante mots arabes différents pour décrire un chameau. Je sens que le reste de ma vie ne suffira pas pour maîtriser une telle langue!

Au milieu de mes combats avec l'arabe, aide et encouragement m'arrivent d'une source inattendue. En plus de Maria, une vieille femme arabe aveugle, appelée Nijmeh, vit avec mademoiselle Ratcliffe. A cause de ses relations avec plusieurs missionnaires, Nijmeh a acquis une bonne connaissance de l'anglais. Elle lit régulièrement une Bible anglaise en braille et se délecte à la citer de mémoire, de sa voix rude et un peu voilée. Comme beaucoup d'aveugles, elle compense sa cécité par une sensibilité accrue dans d'autres domaines.

Rien qu'avec l'aide de sa petite canne blanche, Nijmeh se rend à la vieille ville et passe une heure ou deux là-bas chaque jour. Elle a le chic pour entrer en conversation avec les gens et finit presque toujours par partager avec eux sa foi en Christ. "J'appelle ces sorties mes parties de pêche, explique-t-elle. J'essaie d'obéir aux paroles de notre Seigneur, d'être pêcheur d'hommes."

Nijmeh a et le temps et la patience nécessaires pour m'aider dans mes luttes avec l'arabe. Chaque jour, quand mon professeur est parti, Nijmeh me fait réviser les mots nouveaux et les phrases encore et encore, jusqu'à ce que ma prononciation la satisfasse. Il est fréquent que j'aie à répéter un mot vingt ou trente fois avant que Nijmeh ne s'exclame: "*El-hamd il-Allah!* Grâce soit rendue à Dieu!" indiquant que j'ai atteint le modèle requis.

J'accompagne souvent Nijmeh lors de ses "parties de pêche" jusqu'à la porte de Jaffa, puis je continue seule pour explorer les quartiers qui s'étendent en dehors des murs de la vieille ville, en m'arrêtant à la poste pour voir s'il y a une lettre du Danemark.

Mais la boîte est toujours vide. Bien souvent, je rencontre une femme qui me rappelle celle de la vision, mais ce n'est jamais elle en personne. J'en déduis que ce n'est pas sage de trop penser à elle. Si c'est dans l'intention de Dieu que je la rencontre, il arrangera ce rendez-vous à sa façon à lui et à son heure.

Un jour, en rentrant d'une de ces excursions, je tombe sur le cortège d'un enterrement juif. Quatre hommes ouvrent la marche en portant une civière sur laquelle le corps est étendu, enveloppé dans un châle de prière à franges. Ceux qui accompagnent le défunt suivent en désordre. Les hommes viennent en premier, vêtus de noir, la tête couverte d'un chapeau noir à large bord. Derrière eux, les femmes, la chevelure défaite tombant en désordre sur le visage, poussent un long gémissement aigu ininterrompu. Dans les yeux des hommes, comme dans ceux des femmes, le regard est fixe, vide, empreint d'une douleur désespérée. Je n'ai encore jamais vu des gens exprimer une telle terreur devant la mort... Comme ils ont désespérément besoin de connaître celui qui a dit, face à la tombe de Lazare: "Je suis la résurrection et la vie!" (voir Jean 11:25)

Enfin, après plus de trois semaines à Jérusalem, je trouve une lettre de maman dans ma boîte postale. Mes mains tremblent en l'ouvrant. Je la lis d'une traite, sans même refermer la boîte. La lettre est remplie de nouvelles locales: Inge, la fille du receveur des postes, s'est mariée à un marin américain; Hans Peter, mon camarade de jeux quand j'étais petite, a été nommé directeur de notre caisse d'épargne locale... Quand j'arrive à la dernière phrase, mes yeux s'embuent de larmes. Elle a signé: "Ta maman qui t'aime et prie."

En rentrant de la poste ce jour-là, je m'arrête dans une librairie pour m'acheter une Bible en arabe. J'ai maintenant trois Bibles à poser côte à côte sur la table: celle en danois, celle en anglais et celle en arabe. Le jour vient où je peux dire fièrement à Nijmeh que j'ai lu mon premier verset biblique en arabe.

"Lequel est-ce? demande-t-elle.

– Le premier verset de l'Evangile de Jean.

– Combien de temps cela vous a-t-il pris?

– Deux heures environ

– *El-hamd il-Allah!*" est le commentaire de Nijmeh.

Un matin, à la mi-novembre, juste un mois après mon arrivée à Jérusalem, je me réveille avec l'étrange impression que le monde qui m'environne a changé. L'air est rempli d'une sorte de roulement de tambour incessant. Au premier abord, je ne comprends pas ce qui se passe. Puis soudain, je réalise qu'il pleut! Je le vois par les barreaux de la fenêtre.

Pendant plusieurs minutes, je me tiens près de la fenêtre fascinée, incapable de détourner les yeux de la pluie. Elle ne descend pas sous forme de gouttes, mais en un rideau serré qui remplit tout mon champ de vision. C'est la première fois que je vois la pluie depuis que j'ai mis le pied en Palestine. C'est "la pluie de la première saison" tant attendue, qui interrompt une période de sécheresse qui dure depuis le mois d'avril.

La pluie continue à tomber sans interruption pendant toute la journée et persiste pendant la nuit. La température dans ma pièce chute de plus de vingt degrés[*]. Une fine pellicule d'humidité suinte du sol et des murs. En y passant le doigt, on laisse une trace. Dans la nuit, il me faut toutes les couvertures que j'ai apportées du Danemark pour me réchauffer, et pour ma lecture biblique matinale le lendemain je dois mettre mon manteau.

Je me souviens qu'en me promenant à travers la vieille ville, je suis passée dans une rue où diverses sortes de poêles à mazout étaient exposés. Enfin la pluie a cessé et je me rends là-bas. Là où deux jours plus tôt il n'y avait que de la poussière, il me faut patauger dans une boue épaisse qui colle aux chaussures. J'essaie d'imiter Maria de mon mieux dans sa façon de marchander en commençant par faire le tour des étalages en quête des prix. Finalement, je trouve un poêle qui semble convenir et offre à l'homme la moitié de la somme qu'il demande. Surprise! Marché conclu immédiatement. Je réalise qu'il s'est attendu à ce que je commence beaucoup plus bas.

Je prends donc mon poêle par la poignée et m'en retourne. En passant devant un homme avec une hotte, je suis tentée de lui

---

[*] Vingt degrés Farenheit valent onze degrés Celsius

faire transporter mon acquisition; en faisant un rapide calcul mental, je viens de payer plus de quatre dollars. Il me reste environ trois dollars en liquide et trente en chèques de voyages. Je fais donc mieux de porter le poêle moi-même!

Vers la fin du mois de novembre, je reçois une lettre de Valborg: "... Dimanche dernier, je suis allée à l'église pentecôtiste. Le pasteur Rasmussen a prié pour moi et j'ai parlé en langues! Maintenant je comprends ce qui vous rendait si heureuse, même quand tout le monde était contre vous... Jamais vous ne devinerez chez qui je travaille maintenant... chez mademoiselle Storm. Elle est venue me voir il y a un mois pour me demander si je travaillerais pour elle. Elle n'arrête pas de me poser des questions sur vous et sur ce qui a produit un tel changement dans votre vie. Pour dire la vérité, je pense qu'elle est personnellement intéressée, mais ne veut pas le montrer..."

La conclusion s'impose: à partir de maintenant, je dois prier deux fois plus pour Erna Storm!

De temps en temps, quand j'observe ma provision d'argent qui s'amenuise, j'envisage la possibilité de chercher du travail. Peut-être y a-t-il quelque part une école où je pourrais enseigner au moins à temps partiel? Mais il me revient en mémoire que mon visa de visiteur n'est pas un permis de travail. Devrais-je essayer de changer mon visa? A chaque fois que j'envisage cette possibilité, je perds ma paix intérieure. Je comprends que le Saint Esprit me dit: "Maintenant, c'est froid." Si seulement Dieu me donnait quelque indication sur le travail qu'il a pour moi!

Deux semaines après la lettre de Valborg, j'en reçois une autre, d'une écriture inconnue, postée à Beyrouth, au Liban. Qui peut bien m'écrire de Beyrouth? Je ne connais personne là-bas. La lettre est en danois, et l'en-tête est celle de la Mission danoise pour les pays de la Bible. Je lis ceci:

"Chère Mademoiselle Christensen,

Votre nom m'a été communiqué par Monsieur Pedersen, directeur de l'école d'Etat de Korsor. Il me dit que vous avez été sous sa responsabilité comme directrice du département des sciences en économie familiale, mais que vous êtes actuellement à Jérusalem.

Je vous écris pour vous demander si vous accepteriez une place de responsable en économie familiale à notre école de filles ici, à Beyrouth. Nous avons environ deux cents élèves inscrites et nous souhaitons développer cette section sous une direction compétente. Nous sentons que ce pourrait devenir une part des plus importantes de notre ministère pour la population du Liban.

Le Liban est un pays attirant, avec un climat excellent et des paysages d'une beauté qu'on ne rencontre nulle part ailleurs. Votre salaire suivrait l'échelle établie par le Bureau de la mission. Il serait inférieur à ce que vous receviez en tant que professeur de l'Etat du Danemark, mais tous vos besoins personnels seraient couverts et, après dix années de service, vous auriez droit à une pension.

Je vous prie de considérer avec soin cette proposition et de me donner une réponse dès que possible.

Sincèrement vôtre
Martha Ditloffsen, directrice."

A chaque fois que je lis l'expression "économie familiale", mon cœur bat un peu plus vite. Après tout, c'est le domaine sur lequel mon intérêt s'est porté pendant si longtemps! Quel défi d'initier à cette matière des filles d'un pays moins privilégié que le Danemark! Je commence à imaginer des moyens pour adapter et simplifier les méthodes qui ont eu un tel succès à Korsor.

Se peut-il que Dieu soit réellement en train de m'ouvrir une porte au Liban? Je suis depuis deux mois à Jérusalem et rien ne s'est présenté ici. Mon argent est presque épuisé et personne ne semble avoir besoin de moi.

Je relis la lettre d'un bout à l'autre deux fois. Puis je la glisse dans la couverture de ma bible danoise. Dans les jours qui suivent, je la sors pour la relire encore avec soin plusieurs fois, mais je n'arrive pas à décider de la réponse.

Après la première forte chute de pluie qui marque le début de l'hiver, le temps devient plus changeant. Certains jours lumineux et ensoleillés sont entrecoupés de bourrasques de vent et de pluie. Parfois, la pluie persiste pendant huit à dix heures d'affilée. Un jour, une brève chute de neige me rappelle que Noël est dans une semaine seulement.

J'ai reçu des cartes de Noël de mes deux sœurs du Danemark, quelques-unes des professeurs de Korsor et de quelques autres connaissances. Pas un mot de Soren. Il n'y a eu qu'un seul cadeau, qui est un magnifique pull bleu clair que maman a tricoté pour moi de ses propres mains.

Ce sera la première fois de ma vie que je passerai Noël loin de chez moi. D'habitude, je me réjouis à l'avance à l'approche de Noël, avec une sensation d'excitation et d'attente qui n'a pas changé depuis mon enfance. Mais cette année, l'approche de Noël me remplit d'un sentiment d'abattement, presque d'appréhension. Mademoiselle Ratcliffe m'a invitée à partager le déjeuner avec elle le jour de Noël; mais pour moi, le vrai moment de célébration a toujours été la veille de Noël. Comment pourrais-je célébrer cette fête seule dans un sous-sol de pierres nues, froid, sans un ami ou un parent pour participer avec moi?

Je m'assieds pour faire le point de ma situation financière. J'ai retiré mes derniers chèques de voyages quelques jours plus tôt, afin de payer à ma logeuse le loyer du mois de décembre, c'est-à-dire huit dollars. Je suis aussi à jour concernant le salaire de la dame qui est mon professeur d'arabe. Après avoir fait des provisions de nourriture et de combustible pour la lampe, le réchaud et le poêle, il me reste environ quatre dollars. Pour une raison que je ne saurais m'expliquer, j'ai le sentiment que je dois faire durer mon argent jusqu'à Noël. Après, eh bien! qui sait ce qui doit arriver!

Vers seize heures trente la veille de Noël, j'allume la lampe et me mets à préparer mon dîner de Noël qui se compose d'un petit morceau de mouton cuit à l'huile d'olive sur le primus, avec des pommes de terre et des aubergines – malgré le fait que je sois encore obligée de lutter contre le souvenir de ces têtes de moutons sur le pavé du boucher! Mon dessert est une sorte de pâtisserie sucrée collante appelée *bakalawi* que j'ai découverte récemment dans la vieille ville. J'achève le repas par une tasse de café fort (j'ai appris l'art de préparer le café sur un primus à la manière danoise).

Alors que je déguste mon café à petites gorgées, je me mets à imaginer ma famille réunie à la maison. Je vois la longue table de la salle à manger chargée d'un bout à l'autre de mets délicats dont je suis friande depuis mon enfance. Le mari de ma sœur Ingrid circule derrière les chaises pour verser le vin rouge foncé dans les verres de cristal, pendant qu'à l'autre bout de la table le mari de Kezia, Knud, retire les drapeaux en papier de la poitrine de l'oie. J'essaie de me représenter maman... mais je ne sais pas pourquoi, je n'y arrive pas. Je désire ardemment voir son visage, ne serait-ce qu'un instant.

Alors un sentiment de solitude m'envahit comme celui dont j'ai fait l'expérience pour la première fois quand je me suis retrouvée seule sur le quai, à Marseille. J'essaie de retenir les larmes qui me montent aux yeux. Je me force à débarrasser la table des restes du repas pour y poser ma Bible danoise. Ce soir, je n'ai pas le cœur à faire de l'anglais, encore moins de l'arabe. Je ne veux que ma langue maternelle.

Quand j'ouvre la Bible, la lettre de Beyrouth tombe. Pas besoin de la lire, je peux en répéter les phrases de mémoire: "... une place de responsable en économie familiale ... le Liban est un pays attirant ... tous vos besoins personnels seront couverts..." Serait-ce vraiment le travail que Dieu m'a réservé depuis le commencement – Jérusalem n'étant qu'un tremplin pour Beyrouth?

Ma lecture biblique de la veille se terminait par le Psaume 136. Je passe au suivant. C'est celui que j'ai lu le tout premier soir de mon arrivée dans ce sous-sol:

> "Si je t'oublie, Jérusalem, que ma droite m'oublie! Que ma langue s'attache à mon palais, si je ne me souviens de toi, si je ne fais de Jérusalem le principal sujet de ma joie!" (Psaume 137:5-6)

Est-ce que je prends vraiment ces paroles au sérieux? Si oui, la question est résolue. J'ai demandé à Dieu de me montrer le lieu qu'il m'a réservé et il l'a fait. C'est Jérusalem et non Beyrouth, ni aucun autre endroit au monde. Rien ne peut changer cette réalité. Si cela veut dire la solitude ou même la famine, alors j'endurerai la faim là où Dieu m'a placée. Mais mon engagement est envers Jérusalem. Aucune ambition, aucun désir personnels ne doivent jamais passer avant!

Il y a un moyen de régler la question. Je sors mon bloc de papier à lettres et commence à écrire à Martha Ditloffsen à Beyrouth. Au début, je lutte pour trouver les mots; mais peu à peu, ils viennent. Je la remercie pour sa lettre et son offre attractive, mais j'explique que l'appel que Dieu m'adresse est pour Jérusalem, et seulement pour Jérusalem. En conclusion, j'ajoute: "Je dois confesser que je ne sais pas encore le travail que Dieu m'a réservé à Jérusalem, mais je ne peux que chercher à me confier en lui pour lui obéir, à mesure qu'il me conduit pas après pas."

Après avoir écrit l'adresse et cacheté l'enveloppe, je la pose sur la commode, prête pour être postée à ma prochaine sortie. Puis je me retourne pour contempler ma pièce. Rien n'a changé... et pourtant elle paraît tellement différente. Les meubles de bois ordinaire, le sol de pierre, la fenêtre à barreaux... peu importe où je regarde, c'est nu et simple, mais c'est ma place! Je suis ici par obéissance à Dieu. Rien d'autre ne compte! Je commence à sentir le bouillonnement d'une joie intérieure qui, je le sais, vient du Saint-Esprit.

Mon regard tombe sur le balai, debout dans un coin. Je me rappelle comment j'ai dansé avec lui le soir où Dieu m'a remplie de son Saint-Esprit, à Korsor. Le sol n'a pas besoin d'être balayé, mais il me faut donner libre cours à la jubilation qui monte en moi. Je saisis le manche et commence à balayer vigoureusement vers la porte.

"Va-t-en, *doute*!" Un grand coup à travers la pièce. "Il n'y a pas de place pour toi ici! Et toi aussi, *solitude*." Une autre poussée énergique. "Et toi, *dépression*... et *compromission*!" Une volée de coups de balai. "Dehors tous! Je ne veux plus de vous!"

Je fais une pause, appuyée sur le balai, pour reprendre mon

souffle. Il me vient soudain une autre pensée. "Et cela vaut pour toi aussi, *pitié de soi*!" Coup de balai final.

Puis je regarde autour de moi une fois de plus et je me dis: "Après tout, le premier Noël a été célébré dans une étable. Ce que tu as ici, ce soir, c'est du luxe en comparaison!"

Mes yeux sont attirés par la Bible, toujours ouverte sous la lampe. Je regagne la table, saisis mon crayon bleu et souligne soigneusement les versets que je viens de lire. A la dernière phrase, je tire une double ligne: "... si je ne fais de Jérusalem le principal sujet de ma joie."

* * * * * *

Chapitre 9

La première tâche

Nous sommes le vendredi après Noël; c'est un jour gris et froid. Je viens de terminer mon déjeuner lorsque j'entends un bruit de pas descendant l'escalier de pierre de la cour. Je regarde par la fenêtre juste à temps pour apercevoir une paire de jambes en pantalon. L'instant d'après, quelqu'un frappe à la porte.

En ouvrant, je me trouve face à un homme barbu de taille moyenne, semblant avoir dépassé la trentaine. Il porte un costume râpé de style européen. Sur le sommet de sa tête, le traditionnel *yarmulke* juif, une *kippa*[*].

"Bonjour, dit-il. Etes-vous mademoiselle Christensen?"

Trop surprise pour parler, j'acquiesce de la tête. Comment sait-il mon nom?

"Je m'appelle Cohen, Eliezer Cohen. Ma femme et moi avons un bébé, une petite fille, qui est en train de mourir. Je suis venu vous demander si vous seriez d'accord de la prendre." Il parle dans un anglais lent et laborieux.

"Un bébé en train de mourir? Mais... mais je ne sais pas m'occuper des bébés! Comment avez-vous seulement su que j'étais ici?

– Ma femme et moi croyons en Dieu. Nous avons prié Dieu de nous montrer quoi faire! (L'homme joint les mains dans la position de la prière et lève les yeux au ciel.) Ce matin, ma femme a rencontré une femme aveugle à la porte de Jaffa, et elle lui a dit qu'une très gentille dame était arrivée du Danemark à Jérusalem et qu'elle vivait au sous-sol de cette maison. N'êtes-vous pas cette dame?"

Nijmeh! Mais qu'est-ce qui a bien pu la pousser à donner mon nom à ces gens? Je m'adresse de nouveau à l'homme: "C'est vrai que je viens du Danemark, mais je ne suis pas infirmière ou

---

[*] Calotte des Juifs pratiquants

quelque chose d'approchant.

– Qu'êtes-vous venue faire? N'est-ce pas pour nous aider?" Dans la voix de l'homme perce l'urgence du désespoir. C'est exactement la question que je me suis posée des centaines de fois: *que suis-je venue faire?* Mais Dieu ne me demande sûrement pas de prendre un bébé mourant dans ce sous-sol nu.

"Ce n'est pas que je ne voudrais pas vous venir en aide, mais je ne suis pas en situation de faire quoi que ce soit pour vous. Je n'ai pas de place pour mettre votre bébé, pas de médicaments pour elle, pas de nourriture et pas d'argent pour en acheter! Vous devriez emmener l'enfant à l'hôpital.

– Nous l'avons déjà fait, répond l'homme, mais l'hôpital ne veut pas la prendre. Les médecins disent qu'ils ne peuvent rien pour elle. Elle avait une jumelle. Sa sœur est morte il y a deux mois et maintenant celle-là est aussi en train de mourir! Ma femme en perd la raison. Elle ne peut plus le supporter.

– Monsieur Cohen, ce n'est pas que je ne veuille pas aider. Seulement, je ne vois pas ce que je peux faire." A cet instant, je capte l'expression de ses yeux, le même regard vide et désespéré qui m'a frappée chez les gens du cortège funèbre. "Vous devez au moins me donner du temps pour prier à ce sujet. Puis, si je trouve que je peux faire quoi que ce soit, je viendrai vous voir. Où habitez-vous?"

Il m'indique comment trouver la maison et je lui promets de le joindre si je peux voir un moyen de l'aider.

A contrecœur, l'homme se décide à prendre congé. Au milieu de la montée d'escalier, il se retourne: "S'il vous plaît, n'attendez pas trop longtemps!"

Quelques minutes plus tard, mon professeur d'arabe arrive pour me donner une leçon; mais il m'est impossible de me concentrer. A la fin du cours, je lui paie les deux dollars que je lui dois pour la semaine. Quand elle est partie, je vide mon porte-monnaie sur la table et compte: quatre-vingt-six piastres. C'est tout ce que je possède!

Peu après, Nijmeh descend pour me faire réviser ma leçon d'arabe.

"Nijmeh, avez-vous rencontré une dame juive à la porte de Jaffa et lui avez-vous dit que je pourrais prendre son bébé malade?

– Eh bien! En effet, j'ai rencontré une dame là-bas ce matin, qui avait l'accent d'une personne juive. Elle était dans une grande détresse au sujet de son bébé et je lui ai parlé de vous.

– Mais, Nijmeh, qu'est-ce qui vous a fait penser que je pouvais l'aider?

– Mademoiselle Christensen, il y a des années que je prie pour que Dieu envoie quelqu'un pour prendre soin des enfants de cette ville qui n'ont pas de foyer. Je crois que vous êtes cette personne."

Je la fixe, stupéfaite. "Moi, Nijmeh? Mais il y a sûrement des maisons pour l'accueil des enfants, à Jérusalem.

– Oui. Des orphelinats... de grandes institutions. Mais je ne connais aucun endroit que je pourrais appeler un foyer, dans lequel un enfant pourrait vraiment se sentir aimé et accepté.

– Mais, Nijmeh, je n'ai pas de place pour mettre même un seul enfant... pas d'argent, pas de société missionnaire derrière moi..."

Nijmeh se lève et cherche à tâtons son chemin vers la porte. "Je vais continuer à prier", dit-elle. L'instant d'après, j'entends le tapotement de sa canne comme elle monte l'escalier.

Mais c'est insensé! Même l'hôpital ne veut pas de ce bébé. Que puis-je en faire?

Comme je repasse ces choses dans ma tête, je me souviens d'un passage que j'ai souligné ce matin lors de ma lecture du Nouveau Testament. J'ouvre ma Bible et cherche le dernier chapitre de l'épître de Jacques. Cinq versets, de 14 à 18, sont soulignés en vert, qui est la couleur que j'utilise pour la *prière*. Une phrase en particulier semble bondir de la page: "Et la prière de la foi sauvera le malade..." (verset 15) Dieu me dit-il que la prière pourrait encore sauver la vie de l'enfant, même quand toutes les ressources humaines ont été épuisées?

Presque effrayée par la réponse que je pourrais recevoir, j'incline la tête sur la table et dis: "Seigneur, s'il te plaît, montre-moi si c'est ta volonté pour moi que je prenne ce bébé."

Plusieurs minutes de silence suivent. J'entends ma montre qui égrène les secondes. Alors m'arrive à la pensée une seule phrase, extraite de la parabole de Christ sur les brebis et les boucs:

"Toutes les fois que vous avez fait ces choses à l'un de ces plus petits de mes frères, c'est à moi que vous les avez faites." Les paroles sont si claires et si directes, que c'est presque comme si le Seigneur lui-même me les disait de façon audible.

Je jette un coup d'œil à ma montre; il est presque seize heures. Il reste moins d'une heure de jour. Il est trop tard pour essayer de trouver la maison de monsieur Cohen ce soir. C'est la première chose que je ferai demain matin. Mais maintenant, une autre voix m'arrive, la voix de monsieur Cohen quand il s'est retourné pour regarder en arrière depuis l'escalier: "S'il vous plaît, n'attendez pas trop longtemps!"

Je vais à la fenêtre, essayant de décider de ce qu'il faut faire. Les précieuses minutes pendant lesquelles il fait encore jour s'écoulent. Parmi mes pensées en conflit, il en est une que je ne peux écarter: "Et si le bébé allait mourir cette nuit, j'aurai à en répondre devant Dieu."

Je murmure: "Seigneur, aide-moi à ne pas faillir à ce que tu attends de moi." Puis j'attrape mon manteau dans l'armoire et pars rapidement, le boutonnant en montant l'escalier de la cour.

Moitié marchant moitié courant, j'emprunte la rue de Jaffa jusqu'à la place Allenby. A partir de là, il me faut aller plus lentement en cherchant les indications que monsieur Cohen m'a données. Environ un quart de mile[*] plus loin, je passe devant un grand bâtiment sur la droite, où flotte le pavillon britannique. Ce doit être le Palais de justice. Maintenant, il devrait y avoir une rue qui s'en va vers la droite. Oui, la voilà! La maison de monsieur Cohen est la troisième à gauche.

Je grimpe quelques marches de pierre craquelée et frappe à la porte. Dans le silence qui suit, j'entends mon cœur battre à grands coups. Puis la clé tourne dans la serrure et la porte s'entrouvre.

"Qui est là? Que voulez-vous? demande une voix d'homme.

– C'est moi, mademoiselle Christensen. Vous m'avez demandé de venir."

La porte s'ouvre toute grande. Monsieur Cohen se tient dans

---

[*] Environ quatre cents mètres

l'entrée, sa kippa encore sur la tête. "Enfin, dit-il. Je pensais que vous ne viendriez jamais!"

Sans un mot de plus, il m'introduit dans une grande pièce faiblement éclairée. Le sol est pavé de pierres brutes, mal jointes. Le plafond est voûté dans un style qui date du temps des Turcs; il s'élève à partir des quatre angles et forme en son centre un dôme surbaissé. L'atmosphère froide et humide, le plafond voûté plein d'ombres, le sol inégal, tout se combine pour donner l'impression d'une caverne plutôt que d'une chambre.

Une femme, frêle d'aspect, est assise sur un lit de fer, le dos arrondi, la tête et les épaules enveloppées dans un grossier châle noir. "Voici ma femme, Hadassa, dit monsieur Cohen. Elle ne parle pas l'anglais."

Monsieur Cohen me conduit près d'un petit berceau en fer placé dans l'angle le plus éloigné. "Notre bébé", dit-il.

Je me penche au-dessus du berceau. La seule couverture du bébé est une bande de tissu éponge en loques. La pâleur de cire de son visage est accentuée par les cheveux noirs qui l'encadrent. Pendant quelques instants, je me demande si elle est déjà morte. Alors ses yeux s'ouvrent et rencontrent les miens. Il y a quelque chose de familier dans ces grands yeux noirs. Se pourrait-il que je les aie déjà vus? Non, c'est impossible.

La voix de monsieur Cohen vient interrompre mes pensées.

"Eh bien! voulez-vous la prendre?

– Oui, je la prends. Avez-vous quelque chose pour l'envelopper?"

Monsieur Cohen dit quelques mots dans une langue que je crois être du yiddish, et la femme qui est sur le lit s'anime soudain. Elle retire le châle de ses épaules et y enveloppe le bébé. Elle sort du berceau un biberon contenant un peu de lait et le cale dans le châle, avec le bébé. Puis elle place fermement tout le paquet dans mes bras.

Je gagne la porte, suivie par monsieur Cohen. Sur le seuil, je m'arrête un instant. "Vous ne m'avez pas dit le nom du bébé.

– Elle s'appelle Tikva. C'est le mot hébreu pour "espérance". Attendez, je vais vous écrire son nom."

Il tire un crayon de l'une de ses poches et d'une autre un morceau de papier froissé qui ressemble à une facture. Il s'agenouille sur le sol, lisse le papier contre une pierre et écrit quelques mots. "Nous avons vendu notre table pour acheter des médicaments, dit-il tout en écrivant, mais ils ne lui ont fait aucun bien." Puis, il se relève prestement et glisse le papier à l'intérieur du châle, contre le biberon.

Sans m'attarder davantage, je me mets en route pour la maison de mademoiselle Ratcliffe. Les dernières lueurs du jour sont encore visibles, en haut dans le ciel, mais dans la rue étroite, il fait presque nuit. Le bébé pousse quelques brefs gémissements, puis se tait. Plus loin, dans la rue de Jaffa, les boutiquiers sont en train de baisser rapidement leurs volets. Seuls quelques retardataires traînent encore dans les rues.

Quand j'atteins la place Allenby, la nuit est tombée et les rues sont vides. Mes yeux discernent, devant moi, les contours du rempart de la vieille ville. Je repense à la première nuit, quand je l'ai découvert depuis le taxi avec mademoiselle Gustafsson. Il m'avait paru alors distant et rébarbatif, mais maintenant sa masse obscure jette une ombre qui semble offrir protection. Instinctivement, je le serre d'aussi près que je peux.

Je viens juste de m'engager dans la dernière côte qui mène à la maison de mademoiselle Ratcliffe lorsque l'obscurité vers laquelle j'avance se remplit soudain de sons rauques, prolongés, assourdissants, dont l'écho se répercute entre les maisons silencieuses. Une peur panique se déclenche à travers toutes les fibres de mon corps. Je me plaque contre un mur, sur le côté d'une maison, tenant le bébé des deux bras, serré contre moi, osant à peine respirer. Quelque chose est en train de descendre la rue en venant vers moi. Mes yeux font tous leurs efforts pour en distinguer la silhouette. Soudain, je laisse échapper un long soupir de soulagement: tout seul, au milieu de la rue, descendant à petits pas précautionneux, je reconnais... un âne!

J'attends quelques minutes de plus pour voir s'il est accompagné par son maître, mais personne n'apparaît. Quand je me remets à bouger, je m'aperçois que j'ai les jambes en coton. Dans un dernier effort de volonté, je réussis à atteindre la maison de mademoiselle Ratcliffe, descends les marches en trébuchant, ouvre ma porte et pose le bébé sur le lit.

Une fois la lampe allumée, je garnis la malle d'osier avec de la lingerie, y place le bébé et le couvre avec le pull de laine moelleux que maman m'a envoyé pour Noël. Puis, je sors la bouteille d'huile d'olive de son placard, m'en verse quelques gouttes sur les doigts que je passe doucement sur le front du bébé... "En ton nom, Seigneur Jésus."

Avant l'aube le lendemain, je rallume la lampe et la tiens au-dessus de la malle où Tikva est couchée. Je place doucement le dos de l'une de mes mains contre son front. Il est toujours sec et brûlant. Elle paraît, s'il est possible, plus frêle que jamais, avec cette peau jaune tendue sur les os des pommettes. La lumière de la lampe lui fait ouvrir les yeux quelques instants. Lorsqu'ils rencontrent les miens, j'éprouve de nouveau ce sentiment de quelque chose de familier. Serait-ce possible que je les aie déjà vus?

Alors, en un éclair, tout me revient en mémoire. J'étais à la journée de prière à l'église pentecôtiste de Korsor quand, à genoux, j'ai ressenti la présence de Dieu descendre sur moi d'une façon presque tangible! Alors j'ai vu le visage d'un bébé, ses yeux noirs levés vers moi, me contemplant fixement depuis quelque chose qui ressemblait à une boîte. Pas de doute possible! C'est Tikva que j'ai vue et la "boîte", c'était ma propre malle en osier!

Donc, tout cela a véritablement été planifié avant de s'accomplir! La réalisation est stupéfiante. Je me rends compte à quel point il est indispensable que je tienne mon rôle fidèlement, de sorte que les desseins de Dieu puissent être réalisés pleinement! Nous ne sommes que deux, là, dans ce simple sous-sol, Tikva et moi, mais le drame dans lequel nous sommes enrôlées est dirigé depuis le ciel.

Le lait ayant caillé, je rince le biberon, y verse de l'eau fraîche, puis le glisse entre ses lèvres. Elle esquisse quelques mouvements pour téter, mais elle n'a pas la force d'en faire plus. Je resserre le pull bleu autour d'elle et retourne me coucher.

Allongée dans mon lit en attendant le jour, je commence à

dresser mentalement la liste de toutes les choses qu'il me faudra aller acheter dès que les magasins seront ouverts: du lait, des couches, des épingles de sûreté, une chemise de nuit, un drap propre et, si possible, un deuxième biberon. Qu'est-ce que mes quatre-vingt-six piastres vont me permettre? Et s'il arrivait quelque chose à Tikva quand je serai sortie?

Mes pensées sont interrompues par un bruit venant de l'escalier intérieur. C'est le toc toc de la canne de Nijmeh. Je me lève pour lui ouvrir et la guider à ma chaise.

"Excusez-moi de venir à une heure aussi matinale, mais le Seigneur m'a réveillée avant l'aube pour me dire de vous apporter ceci." Elle me glisse deux dollars dans la main. "Ce n'est pas beaucoup et je ne sais pas pourquoi vous devriez en avoir besoin précisément maintenant, mais Dieu le sait!"

Il me faut un moment avant de recouvrer la parole: "Nijmeh, vous rappelez-vous le bébé malade dont nous avons parlé hier?

– Evidemment que je m'en souviens! Je n'ai pas cessé de prier pour elle depuis. Irez-vous la chercher?

– Je n'*irai* pas... J'y *suis allée* hier soir!

– Vous êtes sortie hier au soir? Après la nuit tombée? Où est-elle?

– Dans ma malle en osier. Mais elle est très faible."

Prenant Nijmeh par la main, je la conduis à la malle. Là, nous nous agenouillons côte à côte. Je place doucement la main de Nijmeh sur le front de Tikva.

"Comme sa peau brûle! s'exclame-t-elle.

– Je sais. Si seulement cette fièvre pouvait tomber!

– Mademoiselle Christensen, notre Seigneur nous a dit que si deux d'entre nous s'accordent pour demander une chose quelconque, elle nous serait accordée. Joignons-nous ensemble dans la foi à cet instant même, et demandons à Dieu de briser le pouvoir de la fièvre."

Nos mains jointes sur la tête de Tikva, nous prions à haute voix, à tour de rôle, implorant Dieu d'épargner sa vie et de chasser la fièvre. Quand il nous semble que nous ne pouvons plus prier, nous restons silencieuses pendant plusieurs minutes. Alors, à un moment précis, je *sais* que mon contact avec Nijmeh n'est plus simplement physique. Mon esprit a été en contact avec le sien et, ensemble, nous avons été en contact avec Dieu! Nijmeh doit avoir ressenti la même chose, car elle soulève ma main de la tête de Tikva et la tient entre les deux siennes. "Dieu a entendu notre prière", dit-elle.

Je la reconduis à la chaise et lui dis: "Maintenant, il me faut aller acheter les choses dont Tikva a besoin. Voilà pourquoi Dieu vous a dit de m'apporter deux dollars; sans cela, je n'aurais pas eu assez. Restez-là, s'il vous plaît, pour garder Tikva."

Je vais de boutique en boutique en me dépêchant autant que je le peux. Je répugne à perdre du temps à marchander, cependant je veux que mon argent dure le plus longtemps possible. Au retour, je trouve Nijmeh en compagnie de mademoiselle Ratcliffe et de Maria. Je m'approche rapidement de Tikva. Son état n'a pas changé.

C'est la première fois que je vois mademoiselle Ratcliffe manifestement surexcitée. "Mademoiselle Christensen, dit-elle d'une voix encore plus profonde que d'habitude, dois-je comprendre que vous êtes sortie seule après la tombé de la nuit pour aller chercher le bébé?"

J'essaie de me défendre: "Il faisait encore jour quand je suis sortie, mais la nuit est tombée avant que j'aie pu rentrer.

– Je ne peux que remercier Dieu de ce qu'il vous ait préservé la vie. J'espère que vous ne ferez plus jamais une chose pareille!

– Oui. Je l'espère aussi."

A cet instant, Maria intervient soudain: "Regardez! Le bébé!"

Je me penche pour toucher Tikva. Elle est trempée! Ses cheveux noirs humides luisent et de petites gouttes de transpiration recouvrent son front. Tout à coup, je réalise ce qui s'est passé et m'écrie: "Nijmeh, la fièvre est tombée!"

Nijmeh lève les mains au ciel et commence à louer Dieu en arabe: *"El-hamd il-Allah! El-hamd il-Allah!"* répète-t-elle sans arrêt. Maria se joint à elle en arabe, suivie par mademoiselle Ratcliffe en anglais. Quant à moi, seul le danois peut exprimer mes sentiments en cet instant. C'est ainsi que l'air s'emplit de louanges en trois langues différentes. A partir de ce moment, je commence à croire que Tikva va guérir.

Le soir, je constate, à des indices légers mais clairs, qu'elle commence à aller vraiment mieux. Sa respiration est plus aisée, elle peut garder les yeux ouverts pendant deux à trois minutes de suite, et quand je place mon index dans sa main, elle répond en essayant de refermer ses doigts autour du mien.

Les événements de la matinée viennent renforcer la leçon que j'ai apprise à Marseille, qui est que la prière est rendue efficace quand elle culmine dans la louange. Je décide, par conséquent, d'entourer Tikva d'une atmosphère de louange continuelle. Une partie du temps, je loue Dieu à haute voix en priant ou en chantant, mais, même quand je suis occupée à des tâches pratiques, j'entretiens le flot intérieur de louange dans ma langue inconnue.

Le dimanche matin, j'entends quelqu'un m'appeler dehors: "Mademoiselle Christensen! Mademoiselle Christensen!" Ayant reconnu la voix de monsieur Cohen, je lui ouvre. Il se tient à l'autre bout de la cour, aussi loin que possible de la porte.

"Est-elle déjà morte?" demande-t-il. De nouveau, cette horreur de la mort, presque superstitieuse!

" Non. Elle n'est pas morte et elle ne va pas mourir. Entrez et voyez vous-même!

– Non, non! Je ne veux pas entrer. Je reste dehors."

Je continue à le presser de venir voir lui-même, mais il reste là-bas, à l'endroit de la cour le plus éloigné. Puis, au bout de quelques minutes, il prend congé.

Le dimanche est le jour où, chaque semaine, dans l'après midi, j'écris ma lettre à maman. Naturellement, cette fois-là elle est centrée sur Tikva. Je veux que maman soit la première au Danemark à entendre parler d'elle et je conclus ainsi: "Prie pour qu'on me permette de la garder."

Tant Nijmeh que Maria se sentent presque aussi concernées par Tikva que je le suis moi-même, ce qui me rend la tâche beaucoup plus facile. Si j'ai besoin de sortir, je peux la confier à l'une ou à l'autre.

Le premier de l'an 1929, je reçois une lettre de Valborg contenant une carte de Noël et un chèque de huit dollars. Dans un billet griffonné à la hâte, elle explique: "Je vous avais posté ce courrier à temps pour Noël, mais il m'est revenu pour affranchissement insuffisant."

En considérant ces derniers jours, je ne peux que m'émerveiller en constatant la précision avec laquelle Dieu programme les événements. En effet, si la lettre de Valborg contenant de l'argent n'avait pas été retardée, je l'aurais reçue avant Noël... donc avant de prendre Tikva; comme elle a été bloquée, ma décision de m'occuper de Tikva n'a été motivée que par une seule chose, la conviction que c'était bien la volonté de Dieu, sans savoir d'où pourraient me venir les ressources. Ce n'est qu'après m'être engagée que Dieu a permis que l'argent arrive; d'abord par Nijmeh et maintenant par Valborg.

Au milieu de la semaine, j'entends de nouveau la voix de monsieur Cohen qui m'appelle depuis la cour. Mon cœur défaille. Est-il venu pour prendre Tikva?

"Je vous apporte le berceau de Tikva, dit-il en le déposant dans la cour. Juste dans le cas où vous en auriez besoin!

– Bien sûr, que je vais en avoir besoin!"

Une fois qu'il est parti, j'ajoute pour moi-même: "Mais je ne vais pas la remettre sur ce matelas taché et en loques!"

Le lendemain, je pars à la chasse aux bonnes affaires dans la vieille ville et reviens non seulement avec un matelas neuf, mais aussi avec un pot de peinture blanche et un pinceau. Vingt-quatre heures plus tard, je sors Tikva de la malle et l'installe fièrement sur son nouveau matelas, dans un berceau blanc resplendissant. Ces achats, avec quelques autres aussi nécessaires, me laissent avec guère plus de trois dollars.

Cependant, je ne suis plus outre mesure occupée par le montant exact d'argent qui me reste. Je sens que c'est ma responsabilité de prendre soin de Tikva. Si je suis fidèle dans ce domaine, je peux laisser la responsabilité de l'argent entre les mains de Dieu. Plutôt que de prier pour mes besoins, je commence à remercier Dieu continuellement pour tout ce à quoi il a déjà pourvu. Rendre grâces fait plus pour fortifier ma foi que de demander des choses.

Quand je vais ouvrir la porte qui donne sur l'extérieur, le lendemain, je trouve une enveloppe glissée dessous. Elle contient une unique livre palestinienne (environ quatre dollars), mais pas le moindre message. C'est presque effrayant! Quelqu'un a dû venir jusqu'ici dans la nuit. J'essaie de deviner qui cela peut-il être. Serait-ce une personne qui assiste aux services de mademoiselle Ratcliffe? Je n'ai pas le moyen de le savoir. Mais après tout, ce n'est pas mon affaire! Quel que soit le canal qui pourvoit, Dieu en est la source.

Une autre surprise suit rapidement. C'est une lettre de Kristine Sonderby contenant un mandat de quarante-cinq dollars, ainsi qu'une recharge de 1929 pour mon calendrier. Elle écrit: "Plusieurs des professeurs se sont réunis le jour de Noël, et nous avons décidé de t'envoyer cela comme cadeau de Noël (un peu tardif)." Le plus surprenant de tout, c'est le post-scriptum: "Cinq dollars viennent d'Erna Storm."

Erna Storm! La personne même qui avait déclaré que ma présence était un déshonneur pour l'école tout entière! De quoi méditer. *Certainement que Dieu peut transformer en pain même les pierres!*

Dans ma lettre de remerciements à Kristine Sonderby, je lui raconte l'histoire de Tikva et j'ajoute: "Le message de la brebis sur ton calendrier se réalise. Jésus a mis l'un de ses agneaux dans mes bras."

Je me suis tellement habituée à un train de vie frugal, que quarante-cinq dollars me paraissent une fortune! Mettant de côté quinze dollars pour les besoins immédiats, je décide d'ouvrir, avec le reste, mon propre compte à la banque Barclay. En sortant de cette dernière, j'ai l'impression de danser plutôt que de marcher.

Sur le chemin du retour, je passe devant un magasin d'alimentation spécialisé dans la nourriture importée d'Europe. Mon regard est captivé par du fromage, un bleu danois dans la vitrine. Un petit morceau coûte autant qu'un repas complet de produits locaux. Mais la tentation de manger de la vraie nourriture danoise est irrésistible. J'achète un morceau de fromage et du beurre danois pour l'accompagner. Au déjeuner ce jour-là, je tartine le beurre et le fromage avec prodigalité sur du pain noir rustique. Un client du restaurant Le Tivoli à

Copenhague n'a jamais éprouvé un tel délice.

Lentement, mais sûrement, la santé de Tikva s'améliore. Pourtant, je me fais du souci au sujet de son teint. Ses joues ressemblent toujours à du parchemin fragile trop tendu. J'imagine qu'une part de son extrême faiblesse vient de ce qu'elle est restée couchée toute la journée dans la pièce sombre ressemblant à une caverne où je l'ai trouvée. Elle a besoin de bon air et de soleil.

Je me mets donc en quête d'un landau. Finalement, dans un magasin d'occasion de la rue de Jaffa, j'en repère un, fabriqué en Angleterre, avec de grandes roues et une nacelle longue et élégante. Il est loin d'être à la mode, mais il est propre et en bon état. Le marchand en demande vingt dollars. Après dix minutes de tractations, je l'amène à descendre à douze.

Ce soir-là, mademoiselle Ratcliffe descend pour me voir, une enveloppe à la main: "Je viens de recevoir cela aujourd'hui; ce sont douze dollars d'un donneur anonyme qui précise: pour un enfant juif dans le besoin. Je ne connais personne en ce moment qui soit mieux qualifié que vous pour utiliser cet argent."

Une fois de plus, l'intervention de Dieu juste au bon moment me coupe le souffle.

Le lendemain, en promenant Tikva dans son landau, j'ai l'impression que Jérusalem m'appartient. Y a-t-il jamais eu une mère plus fière et plus heureuse que moi?

Désormais, je sors Tikva régulièrement chaque jour et son état s'améliore rapidement. Ses traits sont moins tirés, ses joues perdent leur jaune et se teintent d'un soupçon de rose. Peu de temps après, je peux lui donner des petites quantités de bouillie en plus de son lait.

Pendant nos promenades, je parle à Tikva librement, exactement comme si elle comprenait tout ce que je dis. Je lui chante également les petits chœurs évangéliques que j'ai appris à l'Assemblée de Pentecôte de Korsor. Je ne connais ces chants qu'en danois, mais pendant le reste du temps j'utilise l'anglais. Il est manifestement plus important pour elle de grandir en comprenant et en parlant l'anglais que le danois.

Tikva semble jouir de tout cela autant que moi. Tant que je

chante et lui parle, elle se renverse sur son oreiller et garde ses yeux noirs fixés sur les miens en une approbation solennelle. Mais si je reste silencieuse, ou si mon attention se détourne d'elle, elle devient nerveuse et agitée, elle bâille et se frotte les yeux; chacun de ses mouvements proteste: "Pourquoi ne me parles-tu pas?"

Un jour que je promène Tikva dans son landau, le long de l'avenue George V, je surprends la conversation de deux couples arrêtés sur le trottoir. Ils parlent danois! C'est la première fois que j'entends ma langue maternelle depuis que je me suis séparée de Kitty à Marseille. Je ne peux résister à la tentation d'écouter leur conversation. Ils cherchent une certaine agence de tourisme. Après m'être excusée de faire irruption dans leur conversation, je leur donne les indications.

"S'il vous plaît, pardonnez-moi de vous poser une question, dit l'un deux, mais est-ce votre petite fille? Elle est si brune et vous si blonde!

– Oui, c'est ma petite fille, mais je ne suis pas sa mère."

Ma réponse suscite d'autres questions, et finalement tous les quatre insistent pour m'inviter dans un café proche, à prendre "une bonne pâtisserie danoise" accompagnée d'une tasse de café. Nous passons ensemble environ une heure. Je leur parle du milieu danois d'où je viens et leur raconte comment j'ai été conduite à Jérusalem. A mon tour, j'apprends que les deux hommes sont des hauts fonctionnaires au bureau central de la compagnie nationale des chemins de fer danois, à Copenhague, et qu'ils sont en voyage privé en Terre sainte avec leurs épouses.

Avant de nous séparer, ils prennent mon adresse et l'une des dames me glisse discrètement de l'argent dans la main. "Vous aurez encore de nos nouvelles", dit-elle.

Dans la rue, seule de nouveau, je regarde cet argent... vingt dollars. "Dieu est bon pour nous, Tikva!" L'éclat de ses yeux noirs semble me dire: "Je suis d'accord."

* * * * * * *

Chapitre 10

__Mahaneh Yehuda__

Vers la fin du mois de janvier, mademoiselle Ratcliffe m'informe que la maison qu'elle occupe a été vendue et que le nouveau propriétaire a l'intention d'emménager dès que le bail en cours expirera. "Cela veut dire que nous devons toutes avoir quitté les lieux pour *Muharram,* conclut-elle.

– *Muharram*?

– C'est une fête musulmane annuelle. Elle tombe au début du printemps. Selon une tradition héritée de l'époque turque, le bail foncier court de *Muharram à Muharram.* Ainsi, chaque printemps, les rues de Jérusalem se remplissent de gens qui déménagent vers un nouveau foyer... et cette année, vous et moi serons parmi eux!"

Dix jours plus tard, mademoiselle Ratcliffe m'annonce qu'elle a signé un bail pour une maison à Musrara, un quartier situé à un demi-mile[*] environ au nord de la porte de Damas. "Je crains bien que cette nouvelle maison n'ait nul moyen de faire une chambre indépendante que je pourrais vous louer, ajoute-t-elle en s'excusant.

– C'est très gentil de votre part de vous inquiéter pour moi, mais peut-être que Dieu me montre qu'il est temps pour Tikva et moi de trouver un endroit à nous.

– Moi, je ne m'attendrais pas à avoir Tikva très longtemps, m'avertit-elle. Si vous réussissez à prendre soin d'elle jusqu'à ce qu'elle recouvre une pleine santé, sa famille voudra probablement la reprendre."

Je ne fais aucun commentaire là-dessus, mais ses paroles me troublent plus que je ne veux bien le reconnaître. La perspective d'avoir soudain à trouver une maison pour m'installer seule est déjà pénible à envisager, mais l'idée que bientôt Tikva pourrait

---

[*] Environ huit cents mètres

m'être enlevée est encore pire. J'essaie de me rassurer en me disant qu'après tout Dieu m'a amenée ici pour lui sauver la vie et qu'elle a encore besoin de moi.

Mes promenades quotidiennes avec Tikva dans son landau se transforment en expéditions pour découvrir une maison. Je commence par prospecter à Musrara, en espérant habiter près de mademoiselle Ratcliffe. Ce n'est qu'après plusieurs jours de recherche sans résultat que je commence, à contrecœur à explorer d'autres quartiers plus à l'ouest.

Finalement, dans un endroit appelé Mahaneh Yehuda, je repère une petite maison à deux étages. Celui du haut est à louer non meublé. La maison fait partie d'un groupe de six rassemblées sur un bout de terrain nu et sablonneux situé à cent mètres à peine de la rue de Jaffa, côté nord. Mahaneh Yehuda, je l'apprends, signifie en hébreu "camp de Juda", ce qui, en quelque sorte, suggère une place forte du judaïsme. Je me demande comment les résidents d'une telle zone, exclusivement juive, vont réagir à une intrusion non juive. Cependant, *Muharram* est dans deux semaines à peine, et je n'ose pas différer plus longtemps.

L'étage est composé simplement de deux chambres communiquant par une porte, et d'un escalier extérieur. Le loyer est de douze dollars par mois. Il dépasse de moitié celui que je donne à mademoiselle Ratcliffe et on me demande de payer un mois à l'avance. Je compte l'argent que j'ai dans mon sac... sept dollars environ. En espérant que j'aie assez sur mon compte en banque pour compléter la somme, je donne un premier versement de six dollars au propriétaire en promettant de revenir avec les six autres dans un délai de vingt-quatre heures. Sur le chemin du retour, je m'arrête à la banque; mon avoir n'atteint pas quatre dollars. Même avec le liquide qu'il me reste en poche, je ne peux réunir les six requis!

Cette nuit-là, il me faut beaucoup plus de temps que d'habitude pour m'endormir. Si je ne peux fournir les six dollars restants demain, je risque de perdre la somme déposée en caution.

Finalement, je me lève et m'agenouille sur le sol de pierre rude. "Seigneur, si Mahaneh Yehuda est l'endroit où tu me veux, je crois que tu peux pourvoir à tout l'argent dont j'aurai besoin pour le loyer, pour le mobilier, pour le déménagement..." Machinalement, je me mets à essayer d'imaginer d'où une telle somme pourrait bien venir, mais alors je me souviens des leçons que Dieu m'a enseignées; c'est ma responsabilité de prier, et c'est à Dieu de décider comment il va répondre à ma prière.

Le lendemain, il y a juste une lettre dans ma boîte postale, venant de l'école de Korsor: "Veuillez trouver ci-joint un remboursement d'assurance médicale." Le "ci-joint" est un chèque de plus de cent soixante-neuf dollars. Après m'être arrêtée à la banque, juste le temps de déposer mon chèque et de retirer ce dont j'ai besoin en argent liquide, je vais tout droit à Mahaneh Yehuda pour payer les six dollars restant pour mon premier mois de loyer.

Le soir, je vais dîner avec mademoiselle Ratcliffe et je l'interroge: "Dites-moi, pourquoi Dieu nous fait-il si souvent attendre jusqu'à la dernière minute les choses dont nous avons besoin?

– Je me suis demandé cela moi-même bien des fois, répond-elle en souriant. Peut-être que l'un de ses buts est de nous apprendre à dépendre de lui au jour le jour. En enseignant la prière du Seigneur, Jésus dit à ses disciples: "... votre Père sait ce dont vous avez besoin avant que vous le lui demandiez" (Matthieu 6:8). Pourtant, il continue à leur enseigner à demander chaque jour."

Pendant les deux semaines suivantes, mes promenades quotidiennes avec Tikva sont consacrées à l'achat de mobilier, ce qui me donne des occasions innombrables de développer ma dextérité en marchandage. Un jour, en redescendant la rue de Jaffa avec une chaise en équilibre en travers du landau, je me trouve nez à nez avec monsieur Cohen. Il est stupéfait par la transformation de Tikva et ne cesse de répéter: "Ce n'est pas la même enfant! Ce n'est pas la même enfant!" En dépit de ses commentaires sur les progrès de Tikva, je ne peux m'empêcher de remarquer qu'il ne m'exprime, à aucun moment, quelque remerciement. A contrecœur, en me souvenant de la prédiction de mademoiselle Ratcliffe, je lui donne notre future adresse à Mahaneh Yehuda.

153

A la fin du mois de février, un monceau hétéroclite d'articles de mobilier et d'équipement ménager, pour la plupart d'occasion, s'allonge contre l'un des murs de mon sous-sol, prêt pour le déménagement. Le jour est fixé au jeudi 9 mars. Mademoiselle Ratcliffe et sa maisonnée doivent déménager deux jours plus tard. Je me suis entendue avec un Juif d'un certain âge nommé Jonas pour qu'il vienne me chercher avec sa charrette. Cette dernière s'avère être composée de quelques planches brutes clouées sur deux traverses attachées à quatre roues branlantes. Le tout est tiré par un cheval noir squelettique. Il est difficile de dire qui, de Jonas ou de son cheval, semble se plus décrépit!

Maria m'aide à transporter mes affaires en haut de l'escalier et à les charger sur la charrette. Puis elle se range sur le trottoir, près de mademoiselle Ratcliffe et de Nijmeh, pour me dire au revoir. Chacune d'elle me serre chaleureusement dans ses bras, puis c'est au tour de Tikva. Alors je place cette dernière dans son landau et me mets en route derrière Jonas et sa charrette. La dernière chose que j'entends est la voix cassée de Nijmeh qui me crie: "Venez nous voir bientôt!" Jonas marche à côté de son cheval en tenant la bride d'une main. Dans l'autre, il porte un fouet, mais il ne l'utilise qu'en guise d'arme contre les mouches. A chaque fois que la charrette passe sur une ornière ou dans un nid-de-poule, tout son chargement vacille et vibre. Par deux fois, ma malle en osier tombe sur la route. Dans cette circonstance, Jonas et son cheval s'immobilisent pendant que je récupère la malle et la replace sur la charrette.

Quand nous atteignons la rue de Jaffa, nous nous trouvons pris dans une mêlée confuse de maisonnées, toutes en train de déménager. Les gens les plus humbles transportent leurs affaires soit dans des cartons et des valises, soit dans des ballots attachés sur leur dos. D'autres utilisent des charrettes à bras, des ânes, des chameaux ou des voitures tirées par un cheval. Très peu ont empilé leurs affaires dans des autos ou des camionnettes. L'atmosphère ressemble à celle d'un carnaval avec les enfants qui courent dans la rue près de leurs parents.

Comme nous montons péniblement la rue de Jaffa, mes yeux sont de nouveau attirés par les remparts de la vieille ville, à ma droite. C'est étrange comme mon attitude envers ces pierres a changé. Au premier abord, j'ai été frappée par le contraste avec les maisons bien entretenues, éclatantes de blancheur de Korsor, et ils m'avaient paru des plus raboteux et fort peu engageants; mais maintenant, ils sont là comme des amis sur qui on peut compter, protégeant ma route.

Il est environ midi quand j'arrive à mon nouveau domicile. Jonas laisse tomber mes biens par terre, dans la poussière, à un bout du bâtiment, là où l'escalier extérieur donne accès à l'étage. Puis il reçoit les quatre dollars du prix convenu et m'abandonne à moi-même.

Je commence par monter le berceau de Tikva et l'y couche bien à l'aise. Puis, je tire tant bien que mal les autres objets un à un jusqu'en haut, et les installe chacun à sa place. La pièce qui donne sur l'extérieur est transformée en cuisine et en salle à manger, avec un espace pour le landau dans un coin. La pièce du fond, qui est un peu plus grande, sera notre chambre à coucher et notre salon.

Il n'y a pas de sanitaires ni d'installation d'arrivée d'eau ou d'évacuation d'aucune sorte dans la maison. Cependant, en m'aventurant à l'extérieur, je découvre, derrière, une cour commune. Le service d'eau de la ville y arrive au centre à une plate-forme bétonnée. Sur un côté, quelques plaques de tôle ondulée, fixées à des poteaux, recouvrent une rangée de bacs à laver en fer galvanisé. Des femmes sont en train d'y faire leur lessive tandis que d'autres transportent de l'eau jusque chez elles dans d'anciens bidons de pétrole d'une vingtaine de litres. Le côté opposé est occupé par une rangée d'abris en bois qui servent de toilettes. Celles-ci sont d'une autre époque; c'est une série de fosses profondes creusées dans la terre, chacune surmontée d'une caisse en bois percée d'un trou circulaire muni d'un couvercle. Ces toilettes, comme l'approvisionnement en eau, sont, apparemment, communs à l'ensemble des résidents des six maisons groupées sur la parcelle... sans compter les myriades de mouches.

En retournant à mon appartement, je m'aperçois que le rez-de-chaussée sous mon séjour est aménagé en magasin d'alimentation. Venant de l'intérieur, j'entends le bruit de voix familier des gens qui marchandent moitié en arabe, moitié en yiddish. La porte de l'autre pièce du rez-de-chaussée est fermée,et les volets de la fenêtre sont tirés. Il est difficile de voir qui vit dedans.

A vingt et une heures, je suis au lit fatiguée des activités de la journée et prête à dormir, quand j'entends un bruit de voix et de rires étouffés venant de l'épicerie dessous. Puis un phonographe se met à jouer le *Chant des bateliers de la Volga* interprété par un chœur de voix mâles. Au milieu du chant, l'aiguille se coince dans le sillon et continue à répéter les deux mêmes mots encore et encore: "Yo-o-hive... Yo-o-hive... Yo-o-hive." Enfin, quelqu'un doit avoir bougé l'aiguille, et le disque continue jusqu'à la fin.

Je me dis que tout cela est ridicule. Passer le chant des bateliers de la Volga à cette heure de la nuit... et dans une épicerie!

Pendant que je suis encore en train de retourner cela dans mes pensées, le phonographe se remet en route. Est-ce possible? Oui, c'est le même chant! Et qui plus est, l'aiguille se coince encore dans le sillon, exactement au même endroit. A la troisième fois, un soupçon inquiétant me traverse l'esprit. Et si tout cela était à mon intention?

Lorsque le disque se termine pour la quatrième fois, il ne reste plus de place pour le doute. Avant de déménager à Mahaneh Yehuda, je me suis demandé comment une communauté entièrement juive réagirait à l'intrusion d'une personne non juive. Maintenant, ma question a reçu sa réponse. Mon comité d'accueil s'active dans l'épicerie juste en dessous.

Vers minuit, j'estime que j'ai dû entendre le *Chant des bateliers de la Volga* à peu près quarante fois. A chaque fois, l'aiguille n'a pas manqué de se bloquer dans le même sillon. Quelquefois, elle a continué à jouer "Yo-o-hive" pendant deux minutes avant d'être débloquée. Celui qui est là, dans l'épicerie, est, il faut le reconnaître, en train de déployer un zèle digne d'une noble cause.

A chaque fois que le chant reprend, le sommeil me fuit. J'ai acheté du coton stérile pour Tikva et j'essaie d'en bourrer mes

156

oreilles; mais ces voix mâles ont une résonance qui pénètre sans peine le coton. Réalisant que Tikva est réveillée, je me lève pour aller la voir. Elle est étendue sur le dos, les yeux grands ouverts, en train de gazouiller. En fait, elle jouit de la musique! "Tikva! Pour une fois, toi et moi n'avons pas la même appréciation des choses!"

Il est plus de trois heures quand, à bout de force, l'épuisement l'emporte et je tombe dans un sommeil agité, le phonographe toujours en train de tourner.

Le lendemain, je réalise rapidement que je suis le centre de l'attention de la communauté entière de ceux qui vivent dans les six maisons. Quand je vais aux toilettes, quand je tire de l'eau, les autres femmes interrompent leur conversation, se retournent et me dévisagent en ouvrant de grands yeux. Les enfants ricanent ouvertement et me montrent du doigt en se faisant des commentaires les uns aux autres dans une langue que je ne comprends pas. Cela me rappelle l'atmosphère de la cour de l'école de Korsor, après que la nouvelle de mon baptême a été rendue publique. Seulement, à Korsor, je jouissais de l'autorité attachée à ma position de professeur et je comprenais la langue.

A seize heures, toute activité dans l'espace entre les maisons s'interrompt, ce qui me rappelle que le sabbat commence. Je me retire dans mon appartement et essaie de fixer mon attention sur différentes choses; intérieurement, je lutte contre une tension qui monte. La sérénade de la nuit dernière va-t-elle se répéter? Ou quelque autre forme de protestation a-t-elle été programmée?

Je suis l'aiguille de ma montre dont le tic-tac égrène les heures. Vingt et une heures arrivent... et passent. Puis vingt-deux heures, mais le silence de la nuit n'est pas perturbé. Apparemment, mes voisins n'ont plus d'amabilités en réserve pour moi cette nuit. Peut-être sont-ils retenus par le respect du sabbat. Trop fatiguée pour spéculer davantage, je pousse un grand soupir de soulagement et tombe aussitôt dans un sommeil profond.

Le lendemain matin, je lave les couches de Tikva et quelques-uns de mes sous-vêtements, puis les étends dehors sur le fil à linge, dans la cour commune. A midi, je sors pour les relever et constate que chaque pièce de linge a été arrachée du fil et piétinée dans la poussière. Je ne peux me retenir de m'exclamer: "Ceux qui ont fait cela devraient avoir honte!" Je jette un regard circulaire en quête de quelque indice sur les responsables. Il n'y a pas une âme en vue, et cependant j'ai la sensation que nombre de paires d'yeux sont fixés sur moi. Avec toute la dignité que je peux rassembler, je ramasse ma lessive éparpillée et regagne mon appartement.

Assise à ma table, j'essaie de retrouver mon calme. Je me suis préparée pour une période d'adaptation à Mahaneh Yehuda, et même de solitude. Mais qu'ai-je fait pour encourir cette hostilité ouverte de la part de personnes à qui je n'ai même jamais parlé? Ou bien j'ai fait une grave erreur en déménageant ici, ou bien j'ai une leçon nouvelle à apprendre que je ne comprends pas. Je me rappelle que mademoiselle Ratcliffe emménage aujourd'hui dans sa nouvelle maison, à Musrara. J'irai à son culte demain matin et je verrai si elle a quelque conseil à me donner.

Il y a environ un mile[*] de Mahaneh Yehuda à la maison de mademoiselle Ratcliffe. Je me mets en route de bonne heure le dimanche matin, avec Tikva dans son landau. A mesure que je m'éloigne de Mahaneh Yehuda, mon esprit devient de plus en plus léger et je me retrouve en train de chanter. A sa manière, Tikva partage aussi ma détente en frappant des mains et en essayant d'imiter mon chant.

Nijmeh et Maria nous accueillent toutes les deux avec ravissement et insistent pour s'occuper de Tikva pendant le service. Quand c'est terminé, je prends mademoiselle Ratcliffe à part pour lui raconter l'hostilité de l'accueil qu'on m'a réservé à Mahaneh Yehuda, puis je conclus: "Je ne comprends pas pourquoi ils devraient me traiter ainsi. Je n'ai rien fait pour les offenser."

Mademoiselle Ratcliffe reste silencieuse pendant un moment. Puis elle parle: "Les racines de votre problème remontent bien loin dans l'histoire. Avant tout, il faut que vous compreniez l'attitude juive envers la chrétienté. Pour eux, c'est une affaire de nationalité et d'héritage culturel, pas de foi individuelle. Dans ce

---

[*] Environ 1,5 kilomètre

pays, une personne est automatiquement soit juive, soit musulmane, soit chrétienne.

– Mais pourquoi en veulent-ils aux chrétiens?

– La réponse des juifs à cette question est affligeante pour nous... et pour eux, très convaincante. Au Moyen Age, les croisés, avec la croix pour emblème, ont massacré des communautés entières de juifs en Europe. Plus tard, quand ils ont réussi à prendre Jérusalem – à "libérer" Jérusalem, comme ils disaient –, ils ont versé plus de sang et commis plus d'atrocités qu'aucun conquérant avant eux, excepté peut-être les Romains. Plus tard encore, dans les ghettos d'Europe et de Russie, c'étaient des prêtres chrétiens, portant des crucifix, qui conduisaient les bandes d'émeutiers dans leurs assauts meurtriers contre les communautés juives.

– Mais je ne donnerais pas le nom de "chrétiens" à des gens qui font des choses pareilles! Quant à moi, jamais de la vie je ne ferais cela!

– Sans doute! Mais aux yeux de vos voisins, là, à Mahaneh Yehuda, le nom même de "Christensen"* vous identifie à de tels gens. Votre présence leur rappelle la chose même qu'ils ont cherchée à fuir en venant dans ce pays. De plus, vous avez violé leur sabbat en faisant la lessive et en étendant votre linge dehors pour que tout le monde le voie!"

C'est à mon tour de rester silencieuse. Je suis coupable, par association, pour les crimes perpétrés à travers les siècles contre le peuple juif. Et je suis, sans aucun doute, coupable personnellement, pour avoir fait ma lessive pendant leur jour saint. "Que me conseillez-vous de faire, mademoiselle Ratcliffe? Et d'abord, était-ce une erreur de déménager à Mahaneh Yehuda?

– Permettez-moi de vous répondre avec les paroles de Paul, dit-elle en prenant sa Bible: "Et tout cela vient de Dieu, qui nous a réconciliés avec lui par Christ, et qui nous a donné le ministère de la réconciliation [...] Nous faisons donc les fonctions d'ambassadeurs pour Christ..." (2 Corinthiens 5:18, 20)

---

* En danois, cela signifie "fils de chrétien"

– Ambassadeurs?

–– Ne voyez-vous pas? Dieu a dû d'abord vous réconcilier avec lui. Maintenant, il vous a donné le ministère de réconciliation avec les gens de Mahaneh Yehuda, pour abattre la barrière de suspicion et de crainte qui a été construite à travers les siècles. C'est un appel élevé, mademoiselle Christensen."

Pendant le reste de la journée, mes pensées sont accaparées par les paroles de mademoiselle Ratcliffe. J'ai demandé à Dieu de me montrer son plan pour ma vie, alors il m'a amenée à Jérusalem et m'a donné Tikva pour que j'en prenne soin. De cela, je ne doute pas. Mais ne suis-je pas maintenant confrontée avec une autre partie de ma tâche, celle d'être ambassadrice pour Christ à Mahaneh Yehuda?

Quelle est la responsabilité d'un ambassadeur? Je me pose la question. Ce n'est pas le fait de changer le peuple vers lequel il est envoyé, mais de représenter le roi qu'il sert. Comme je suis indigne d'un tel rôle! Cependant, j'ai demandé à Dieu de me montrer ma tâche; il ne s'agit pas de refuser, maintenant.

En l'espace de quelques jours, mon attitude se transforme. La réticence fait graduellement place à l'excitation. Je commence à voir mes voisins sous un nouveau jour. Je ne suis plus offensée par leur attitude de rejet qui va, par moments, jusqu'à une franche grossièreté. Je le reçois comme un défi. Pour le relever, il me faut accepter mon rôle d'ambassadrice et pratiquer la diplomatie.

Je décide de faire mes premières avances auprès de la dame qui tient l'épicerie sous mon salon. Je commence par m'approvisionner chez elle. Elle s'appelle Shoshanna (je découvre que c'est le mot hébreu pour la "rose"). C'est une grosse femme joviale qui a dépassé la quarantaine. Elle a deux filles en âge scolaire. Ses journées s'écoulent au magasin, mais elle rentre chez elle chaque soir à son appartement, situé dans un autre quartier. Ayant vécu quelques années aux Etats-Unis, elle connaît assez bien l'anglais. Jamais elle ne parle de son mari, excepté pour mentionner qu'il a travaillé dans le temps à New York.

A chaque fois que je descends au magasin, j'emmène Tikva.

Bientôt, la curiosité de Shoshanna commence à l'emporter.

"Est-elle juive? demande-t-elle.

– Oui.

– Quel âge a-t-elle?

– Un peu plus de quinze mois.

– Quinze mois! (Shoshanna n'en croit pas ses oreilles.) Comment! Elle ne fait pas la moitié de son âge. A-t-elle été malade?"

Voilà l'occasion que j'attendais. Je relate mon combat pour sauver la vie de Tikva et pour la soigner afin qu'elle recouvre santé et force. Le résultat est exactement celui que j'avais espéré. L'instinct maternel de Shoshanna s'avère plus fort que ses préjugés religieux. A dater de ce jour, elle devient mon alliée dans le combat pour les progrès de Tikva. A chaque fois que je l'amène au magasin, Shoshanna me l'enlève des bras pour lui donner à manger un morceau de banane ou des quartiers d'orange, en lui parlant continuellement le langage d'une maman, en yiddish. Maintenant, Tikva est assez forte pour se tenir debout un moment toute seule, pourvu qu'elle puisse s'accrocher à quelque chose de ferme.

Le magasin de Shoshanna est le centre d'information non officiel pour tous les habitants du pâté de maisons. En l'espace de deux à trois semaines, toutes les femmes ont entendu l'histoire de Tikva et, en conséquence, leur attitude envers moi commence à changer. Après peu de temps, elles se mettent à me saluer par un "shalom". Certaines offrent même de s'occuper de Tikva pendant que je vais chercher de l'eau ou que j'étends ma lessive. Naturellement, je fais très attention de ne plus jamais la faire pendant le sabbat!

Dans ma lecture de l'Ancien Testament, j'en viens aux ordonnances relatives au sabbat données à l'origine par Moïse. L'une d'elles est l'interdiction d'allumer du feu. Mes voisins à Mahaneh Yehuda l'appliquent à des choses comme fumer une cigarette ou allumer une lampe ou un poêle. Cependant, je remarque que beaucoup d'hommes s'esquivent aux toilettes le samedi pour subrepticement tirer à la hâte quelques bouffées de cigarette. Si je passe près d'eux dans ces moments, je tousse bruyamment pour les avertir de mon approche, puis je tourne ostensiblement la tête de l'autre côté. Ainsi s'établit entre nous une sorte d'alliance tacite.

Ma diplomatie produit de bons résultats avec les hommes et les femmes, mais les enfants restent un problème. Ils prennent un plaisir spécial à renverser ma poubelle placée au pied de mon escalier. Le chef semble être un garçon d'une douzaine d'années nommé Ephraïm. Voilà un autre défi pour mon art de la diplomatie.

De temps en temps, j'entends un homme parler à Ephraïm en anglais. Il a l'air d'être de sa famille. Je décide d'utiliser ce fait pour monter un stratagème.

Je l'aborde un matin au pied de l'escalier: "Ephraïm, où as-tu appris à parler un si bon anglais?"

Ephraïm grandit d'un pouce instantanément!

"Mon grand-père venait de Londres.

– Alors, tu es celui qui va m'aider auprès des autres enfants. Ils ne savent pas du tout comment on se conduit! Tous les jours, ils renversent ma poubelle.

– Je vais les en empêcher, madame. Ils m'écouteront!" Ephraïm parle avec l'assurance d'un commandant militaire prêt à donner des ordres à ses troupes.

C'est la fin de mes problèmes avec les enfants. Ephraïm et moi devenons bientôt de bons amis. S'il me croise au retour d'une promenade avec Tikva, il ne va pas manquer de prendre un bout du landau pour m'aider à le monter en haut de l'escalier.

La dame qui vit dans la pièce contiguë à l'épicerie de Shoshanna est plus difficile à approcher. C'est une petite créature ratatinée qui s'enveloppe toujours d'un châle de laine, quelle que soit la température. Elle s'appelle Vera. A part quelques rares mots d'arabe, elle ne parle que le polonais et le yiddish, si bien que la communication entre nous est presque impossible. J'apprends par Shoshanna que la grande fierté de Vera est d'avoir eu un grand-père rabbin. Elle est veuve et n'a pour vivre qu'une maigre allocation envoyée par son fils qui habite Chicago.

Un vendredi soir, juste après le coucher du soleil, comme je regarde par la fenêtre, je vois Vera qui traverse à la hâte l'espace nu devant notre maison, normalement désert à cette heure-ci les veilles de sabbat. Quelques minutes plus tard, elle frappe à ma porte. Quand je lui ouvre, elle va tout droit vers ma lampe allumée sur la table en la montrant du doigt. Je lui demande: "Vous voulez ma lampe?"

Vera me fixe un instant, frustrée, puis me saisit par la manche en me tirant vers la porte. Intriguée, je la laisse me conduire par l'escalier jusque dans sa chambre. Sa lampe est là, au centre de la table. Elle n'a pas été allumée. Vera prend la boîte d'allumettes posée à côté, en sort une, et fait semblant de la craquer.

Soudain, je comprends! Vera est rentrée trop tard pour allumer sa lampe avant le coucher du soleil. Or, en tant que juive, il ne lui est pas permis de le faire, car le sabbat est déjà commencé. Mais pour moi, une non-juive, il n'y a pas d'obstacle. Prestement, j'allume la lampe et règle la flamme. Le ravissement de Vera ne connaît pas de bornes. *"Habeebti! Habeebti!"* dit-elle en me tapotant affectueusement le bras. *Habeebti*, je le sais, c'est "ma chérie" en arabe.

A partir de ce jour, Vera considère simplement comme allant de soi que je descende chaque sabbat pour allumer sa lampe. Elle peut ainsi en retarder l'allumage d'une demi-heure environ et épargner de la sorte une petite quantité de pétrole, une économie non négligeable pour une personne d'aussi bas niveau de vie. L'allumage de la lampe de Vera devient une partie intégrante de mon propre rituel sabbatique, tandis que, de son côté, elle me traite désormais comme l'une de ses meilleures amies – en fait, elle n'en a apparemment pas d'autres. A chaque fois que je passe devant sa porte ou la rencontre quand elle va chercher de l'eau, elle s'exclame: *"Habeebti!"*

Une des conséquences de mon déménagement à Mahaneh Yehuda est que mon professeur d'arabe ne veut plus venir me donner de leçons. J'ai beau lui en demander la raison, ses réponses restent évasives. A la fin, j'interroge mademoiselle Ratcliffe pour savoir ce qu'elle en pense.

"Etant Arabe, j'imagine qu'elle a peur d'aller dans un quartier tout entier juif.

– Mais sûrement que personne à Mahaneh Yehuda ne lui ferait de mal.

– Probablement pas, mais si on la voyait aller là trop souvent, elle serait mal vue par son peuple. En ce moment même, les deux camps s'observent mutuellement, mais dans une atmosphère si chargée de tension qu'il suffirait d'une petite étincelle pour allumer un grand incendie."

Pour suppléer au manque de vrais cours d'arabe, je vais chez mademoiselle Ratcliffe deux ou trois fois par semaine et pratique la conversation avec Nijmeh. Je fréquente aussi régulièrement les services de mademoiselle Ratcliffe chaque dimanche matin. Mais Mahaneh Yehuda est maintenant mon foyer.

Au milieu du mois d'avril, je réalise que je suis à Jérusalem depuis six mois et que mon visa doit être renouvelé. Poussant Tikva dans son landau, je m'en vais au bureau de l'immigration, en priant instamment tout le long du chemin afin qu'il n'y ait pas de difficulté pour son renouvellement. A mon grand soulagement, l'employé tamponne simplement mon passeport avec le nouveau visa et me le rend.

Sur le chemin du retour, j'entends derrière moi une voix haut perchée qui m'interpelle en suédois. "Mademoiselle Christensen, mais que faites-vous avec un landau?" Je me retourne. C'est mademoiselle Gustafsson.

J'explique les circonstances dans lesquelles Dieu m'a amené Tikva.

Manifestement, elle n'est pas impressionnée. "J'espère que vous n'allez pas vous laisser accaparer par un petit bébé. Il y a sûrement des choses plus importantes qui réclament votre attention!"

En cheminant vers la maison, je me débats avec ses paroles. Elle n'a fait qu'exprimer une question que je me suis aussi posée, et avec laquelle je lutte. Après tout, je suis un professeur expérimenté, habituée à m'occuper d'un ensemble de classes comptant deux cents élèves chaque semaine. Est-ce raisonnable de consacrer tout mon temps à un unique bébé?

Tikva a une étrange façon de lire mes pensées. Comme je la

soulève du landau pour la monter à notre appartement, elle serre mon cou dans ses deux bras et presse son visage contre ma poitrine. C'est un peu comme si elle disait: "Merci pour ton amour!"

Une semaine ou deux plus tard m'arrive une lettre recommandée sur papier à en-tête des chemins de fer de l'Etat danois à Copenhague. Elle vient des deux couples danois qui m'ont invitée à prendre avec eux café et pâtisserie avenue du roi George V. La lettre commence par ces mots: "Ici, dans notre bureau, nous avons créé le Cercle de Lydia dont le but est de soutenir votre travail à Jérusalem. Utilisez, s'il vous plaît, une partie de ce don pour acheter quelque chose de joli pour Tikva."

A l'intérieur se trouve un mandat international de quatre-vingts dollars. Je célèbre l'événement en achetant du salami hongrois de Shoshanna, celui de la variété la plus fine.

J'ai pris l'habitude, en accord avec Shoshanna, de faire mes courses à ma manière propre, bien spéciale. J'attache un panier d'osier au bout d'une corde et le fais descendre par la fenêtre devant la porte de Shoshanna. Quand elle voit le panier, elle sort la tête pour me demander ce que je veux. Au fur et à mesure que je nomme un article, elle le place dans le panier. Puis je monte mes emplettes, débarrasse le panier et le redescends avec l'argent correspondant.

Au début du mois de mai, je reçois un paquet de maman contenant un beau pull rose qu'elle a tricoté pour Tikva. J'utilise un peu d'argent du Cercle de Lydia pour acheter une robe rose assortie et une paire de chaussures de bébé. Le lendemain, quand je promène Tikva dans son landau, vêtue de son nouvel ensemble, mes voisins viennent l'admirer.

Je suis reconnaissante du grand changement qui s'est opéré dans leur attitude, mais mon intimité la plus profonde est avec Tikva. Mon univers est centré sur elle. Il est très restreint et cependant étrangement plein. Par moments, je me sens presque coupable d'être aussi satisfaite. Mademoiselle Gustafsson avait-elle raison de me reprocher de consacrer tout mon temps à un bébé seulement? Peut-être devrais-je chercher une sphère de service plus large. Cependant, cette curieuse paix qui est dans mon cœur semble me dire que c'est bien là la tâche que Dieu m'a assignée.

De son côté, Tikva développe une sensibilité rare à mes divers états d'âme. Si je suis occupée à quelque corvée domestique, comme la lessive ou le repassage, elle se met debout dans son berceau, se tient à la barre de protection et suit chacun de mes mouvements de ses yeux noirs solennels. Quand je termine une tâche particulièrement fatigante, comme celle de repasser un drap, elle pousse un grand soupir de soulagement comme pour dire: "Voilà, c'est fini!"

Mais ce qu'elle aime par-dessus tout, c'est la prière et la louange. Un des meubles que j'ai marchandés et qui nous procure à toutes les deux des heures de joie est un rocking-chair démodé à dossier canné. J'ai l'habitude de prendre Tikva sur mes genoux et de me balancer d'avant en arrière en priant à haute voix et en chantant. Aussi longtemps que cela se prolonge, elle repose parfaitement tranquille dans mes bras, ou bien se joint à mes prières dans son propre langage de bébé.

Une nuit, au milieu du mois de mai, je suis réveillée par une intense douleur brûlante à la jambe. Je saisis ma lampe torche et éclaire l'endroit. Ma cheville est rouge et enflée. Quelque chose doit m'avoir piquée dans le lit! Je me mets à chercher dans toute ma literie, pièce après pièce, jusqu'à ce que je trouve une minuscule bestiole brun rouge, tapie dans une couture du matelas. Saisissant ma brosse et mon peigne sur la table de toilette, j'écrase l'insecte entre les deux. Une goutte d'un liquide sombre s'échappe – mon propre sang.

Le lendemain, je montre ma cheville enflée à Shoshanna. "Une punaise de lit, dit-elle. Quand les nuits deviennent plus chaudes, elles sortent des fentes des planchers et grimpent le long des pieds du lit. Il vous faut quatre petits récipients vides que vous posez sous les pieds du lit, puis vous les remplissez de pétrole. Les punaises ne pourront plus grimper le long des pieds."

Cette nuit-là, avec les quatre pieds du lit baignant dans le pétrole, je dors de nouveau profondément. Après plusieurs nuits paisibles, je me réjouis du succès de la stratégie de Shoshanna... mais ce n'est que pour être réveillée une fois de plus par la même brûlure atroce. Vite, j'allume ma lampe et traque la punaise au pied du lit où je l'écrase. Une goutte de sang révélatrice s'en échappe.

Mais comment cet insecte est-il venu dans mon lit? Je jette un coup d'œil alentour. Là, derrière mon lit, une autre punaise est en train de grimper le long du mur. Quand elle atteint le plafond, elle se met à ramper vers le centre de la pièce, et soudain se laisse tomber exactement au milieu du lit. L'instant d'après, elle est écrasée entre une brosse et un peigne. Cette fois, point de sang.

L'ingéniosité diabolique des punaises ainsi dévoilée m'horrifie. Il doit y en avoir encore des myriades cachées dans le plancher. Il est hors de question de rester assise chaque nuit pour les intercepter une à une quand elles se laissent tomber sur mon lit. Pourtant, je ne peux compter sur un sommeil paisible avant d'avoir trouvé le moyen de résoudre le problème. Mais comment? "J'ai besoin de ton aide, Seigneur."

Aussitôt, l'histoire des plaies d'Egypte me vient à l'esprit. Une kyrielle de créatures déplaisantes ont été lâchées en liberté, là-bas, comme des grenouilles, des poux et des mouches. Cependant, Dieu les a tenues sous son contrôle et en a protégé son peuple. Ne peut-il en faire autant avec les punaises?

Je tombe à genoux près de mon lit. "Seigneur, ces punaises sont une plaie et je n'ai aucun moyen de me protéger contre elles. Je te demande de les éloigner de moi, et de ne pas les laisser revenir."

Plusieurs semaines se passent avant que je réalise enfin que Dieu a répondu à ma prière. A partir de cette nuit-là, plus une seule punaise n'est apparue dans ma chambre!

A la fin du mois de mai, Tikva fait ses premiers pas toute seule. Naturellement, il nous faut descendre partager cette victoire avec Shoshanna. Puis je l'emmène en landau chez mademoiselle Ratcliffe pour une démonstration à toute la maisonnée.

Tikva a été lente à apprendre à marcher à cause de sa faiblesse physique, mais son développement mental n'a manifestement pas été affecté. Au moment où elle apprend à marcher, elle utilise des mots anglais simples comme *milk* ou *potty**, mais naturellement, mon plus grand délice est de l'entendre dire assez lentement et posément "maman". Elle aime que je lui apprenne les noms des différentes parties du visage; c'est son jeu favori. Je pose mon doigt sur mon œil et dis "œil". Puis je pose mon doigt sur son œil et attends qu'elle répète "œil". Quand elle a appris ce mot, je recommence avec nez, bouche, et ainsi de suite.

Un jour, alors que je viens tout juste d'installer Tikva pour sa sieste de l'après-midi, monsieur Cohen apparaît à la porte, sans prévenir. C'est la première fois qu'il me rend visite depuis que j'ai déménagé à Mahaneh Yehuda. Posant mon doigt sur mes lèvres, je l'emmène à la chambre où Tikva repose endormie dans son berceau. Il la contemple pendant une ou deux minutes. Puis je le reconduis dans la cuisine et ferme la porte.

"Comment va-t-elle? demande-t-il.

– Merveilleusement bien. Il y a deux semaines qu'elle a commencé à marcher!

– C'est bien!" Il marque une pause tout en évitant de me regarder en face. Je me rends compte qu'il a quelque chose en tête. "Vous voyez... (nouvelle pause). Eh bien! la vérité, c'est que Hadassa m'a quitté. Elle est partie à Tel-Aviv. Il me faut aller à sa recherche.

– Je suis désolée d'apprendre une telle nouvelle.

– Je viens pour reprendre Tikva. (Pour la première fois, ses yeux rencontrent les miens.) Si Hadassa sait que j'ai Tikva, elle reviendra à moi. Je vais emmener Tikva avec moi à Tel-Aviv.

– Emmener Tikva? (J'en ai soudain la gorge sèche.) Mais vous ne comprenez pas! Elle n'est pas assez forte. Cela pourrait mettre sa vie en danger une fois de plus! Ce n'était que par la prière...

– Je dois la prendre maintenant, m'interrompt-il. L'autobus part pour Tel-Aviv dans moins d'une heure.

– Mais, monsieur Cohen..."

Une avalanche d'arguments me vient à l'esprit, mais les mots s'évanouissent sur mes lèvres. Une puissance plus forte que ma

---

* "Lait" et "petit pot de chambre" pour enfants

propre volonté ou mes sentiments a simplement pris la direction en dedans de moi. A ma propre surprise, je m'entends dire: "Je vais l'habiller."

J'entre dans la chambre à coucher, rassemble quelques-uns des vêtements de Tikva et les empaquette dans un sac en papier d'emballage. Puis je la soulève de son berceau, encore à moitié endormie, et lui passe sa robe rose et ses souliers blancs. Elle proteste faiblement en geignant, mais une minute plus tard, elle s'endort de nouveau dans mes bras.

Je retourne à la cuisine et la place dans les bras de son père. Elle ouvre les yeux, lève le regard sur le visage de l'homme et commence à pleurer. Pendant quelques instants, il semble embarrassé et je me demande s'il ne va pas changer d'avis. Puis ses yeux tombent sur le landau. "J'aurai besoin de cela pour la faire dormir dedans", dit-il.

Pendant qu'il place Tikva dans le landau, je remplis une bouteille de lait et la place à côté d'elle, avec le sac de vêtements. Toujours étonnée de ce que je fais, je l'aide à transporter le landau en bas des escaliers. Là, Tikva arrête de pleurer un instant et me tend les bras, s'attendant à ce que je la prenne. Au lieu de cela, je me retourne et monte l'escalier en courant. En me postant à la fenêtre de la chambre à coucher, je suis des yeux monsieur Cohen qui pousse le landau devant lui, jusqu'à ce qu'il atteigne la rue de Jaffa et soit hors de vue. La dernière chose que je vois de lui est la *kippa* noire sur le sommet de sa tête.

Enfin, je me détourne de la fenêtre et traverse lentement l'appartement vide, haïssable. Je ne peux supporter de rester ici plus longtemps. Je m'en vais, aussi vite que je peux, chez mademoiselle Ratcliffe et me dirige tout droit vers la chambre de Nijmeh. J'explose: "Le père de Tikva vient juste de venir la prendre et il est parti à Tel-Aviv. J'ai voulu discuter avec lui, mais quelque chose au fond de moi à pris le dessus et ne m'a pas permis... Oh! Nijmeh, ai-je eu tort de lui laisser la prendre?"

Nijmeh reste silencieuse pendant un moment. Puis elle dit: "Non, vous n'avez pas eu tort. C'est le Saint-Esprit qui n'a pas voulu vous permettre de discuter. Souvenez-vous, quel que soit votre amour pour Tikva, Dieu l'aime encore plus!

– Mais, Nijmeh, elle est si frêle! Son père ne peut pas lui donner les soins dont elle a besoin. Je sais que Dieu me l'a confiée. Je ne comprends pas."

Nijmeh avance l'une de ses mains en tâtonnant jusqu'à ce qu'elle ait trouvé l'une des miennes. "Dans un moment comme celui-là, dit-elle, il ne s'agit pas de comprendre, mais de faire confiance.

– Priez pour moi, Nijmeh! Je veux vraiment faire confiance, mais il y a une telle tempête en moi!"

Pendant un long moment, nous restons assises côte à côte, la main de Nijmeh posée sur la mienne. Puis elle dit: "Je veux partager avec vous une leçon que j'ai apprise il y a bien des années, quand j'ai perdu la vue. *Faire confiance à Dieu n'est pas un sentiment, c'est une décision.* Nous ne pouvons pas toujours changer nos sentiments, mais nous pouvons exercer notre volonté.

– Mais comment puis-je arrêter de me faire du souci pour elle?

– Vous ne pouvez pas. Mais vous pouvez décider, avec votre volonté, de la confier à Dieu... et puis sceller votre décision en le déclarant à voix haute."

En présence de Nijmeh, je prends ma décision: "Quoi qu'il arrive, je veux faire confiance à Dieu pour Tikva, pour moi-même, pour tout ce qui m'attend dans les jours à venir!"

* * * * * * *

Chapitre 11

La capitulation

La semaine suivante est celle d'un conflit continuel. J'essaie, par tous les moyens possibles, de discipliner mes pensées pour les amener à se soumettre à la décision que j'ai prise volontairement de faire confiance à Dieu, quels que soient mes sentiments ou les circonstances. Je passe autant de temps que je peux à l'étude de la Bible et des langues, mais il me faut faire un effort continuel pour me concentrer.

Les nuits sont les pires. Mes pensées sont assiégées de questions concernant Tikva. Madame Cohen est-elle retournée avec son mari ou ce dernier est-il en train d'essayer de s'occuper lui-même de Tikva? A-t-elle de la bonne nourriture et l'air frais dont elle a besoin? Je ne peux chasser l'image de Tikva dans son landau, au pied de l'escalier, les bras levés, attendant que je la prenne. Par deux fois, je me réveille au milieu de la nuit et vais machinalement à son berceau pour m'occuper d'elle... mais c'est seulement pour réaliser que le berceau est vide.

Quand Shoshanna apprend que le père de Tikva me l'a prise afin de ramener sa femme à lui, son commentaire est incisif: "Tous les hommes sont pareils; ils ne pensent qu'à eux!" Par Shoshanna, la nouvelle se répand comme d'habitude parmi tous les autres voisins. Ils cherchent de plusieurs manières à m'exprimer leur sympathie. La veille du sabbat suivant, quand je descends chez Vera pour allumer sa lampe, un cadeau m'attend; il s'agit d'un pain au cumin qu'elle a fait elle-même.

Une semaine après que monsieur Cohen a pris Tikva, je découvre, en allant à la banque, qu'il ne me reste en tout et pour tout que huit dollars environ. Mon esprit était si accaparé par Tikva que je ne me suis guère préoccupée d'argent. En regardant en arrière, je réalise que la dernière somme que j'ai reçue est le don venant du Cercle de Lydia, à la fin du mois d'avril.

Un jour, dans la dernière semaine du mois de juin, je fais

descendre mon panier devant la porte de Shoshanna et le remonte avec une miche de pain, quelques oranges et quelques figues. J'ouvre mon porte-monnaie et en vide le contenu dans le panier qui redescend. Shoshanna compte l'argent et crie: "Encore huit piastres!

– Je n'en ai pas plus en ce moment. Dès que j'aurai de l'argent, je vous paierai." Shoshanna n'élève aucune objection, et je remonte le panier.

Combien de temps une personne peut-elle vivre avec un pain et quelques fruits? Je fais durer mes provisions pendant quatre ou cinq jours, mais le moment arrive où je vais au panier à pain, et il n'y a plus rien dedans. Je le retourne et tape sur le fond, mais il n'en tombe que quelques miettes. Je me trouve face à une réalité très simple, celle que *je n'ai plus ni nourriture ni argent.* Un coup d'œil à mon calendrier m'indique que nous sommes le lundi 1er juillet.

Alors, je me dis que c'est une bonne chose que Tikva ne soit pas avec moi dans un tel moment. Puis, je me demande si ce ne serait pas pour cela que Dieu a permis qu'elle me soit enlevée! Je contemple l'image du calendrier. Aurait-elle ce message pour moi, qui est de me rappeler que le bon Berger a toujours son agneau dans ses bras?

Mais que dois-je faire en ce qui concerne ma propre situation? Shoshanna me laisserait probablement acheter chez elle à crédit, mais je ne ressens pas cela juste. Je pourrais aussi chercher de l'aide auprès de mademoiselle Ratcliffe, mais je sais qu'elle a à peine assez pour ses propres besoins.

Plus je considère la situation, plus grandit la conviction que Dieu veut que j'attende de lui seul la réponse. Je me rappelle qu'une fois, à Korsor, monsieur Rasmussen a employé cette phrase: "Quand l'homme est à la dernière extrémité, Dieu l'appelle à un rendez-vous." Je ne peux échapper à la conclusion que Dieu m'a donné un rendez-vous. Il attend maintenant que j'y vienne.

Lors de ma lecture biblique de midi, j'ai commencé à suivre l'histoire d'Abraham à partir de Genèse 12. Je me sens proche de cet homme plus que d'aucun autre personnage de l'Ancien Testament. J'ai toujours en mémoire le sermon qu'Arne Konrad a prêché à l'église pentecôtiste de Korsor. C'est l'exemple d'Abraham qui m'a finalement décidée à abandonner ma situation à l'école de Korsor. Je veux maintenant être attentive aux étapes successives par lesquelles Dieu l'a conduit quand il a eu obéi à l'appel initial de quitter son pays natal.

Au chapitre vingt-deux, j'accompagne Abraham quand il obéit au commandement de Dieu d'offrir son fils Isaac en sacrifice vivant. Je remarque qu'Abraham doit faire trois jours de marche avec Isaac jusqu'au mont Morija, qui est l'endroit désigné pour le sacrifice. Je me demande ce qui lui passe par l'esprit pendant ce long voyage. Quelles questions intérieures, quel conflit il doit avoir vécus!

Dieu a donné Isaac à Abraham en faisant un miracle. Il sait parfaitement combien ce dernier aime son fils. Et voilà que maintenant il lui demande de le lui rendre. Il est difficile de comprendre quel but Dieu peut bien avoir là.

Je passe le reste de la journée à prier et à méditer. Sans arrêt, je prie pour Tikva, afin que Dieu montre à son père comment s'occuper d'elle. Au moment du dîner, j'ai extrêmement faim. Il me faut lutter pour écarter les images de ma table de salle à manger à Korsor dressée pour le repas du soir. A la fin, je bois deux grands verres d'eau et les affres de la faim disparaissent.

Le mardi matin je vais, comme d'habitude, à la poste, mais ma boîte est vide. Je m'apprête à rentrer en faisant le détour par Musrara pour pouvoir bavarder avec Nijmeh, mais quelque chose me retient intérieurement. Mon rendez-vous est avec Dieu... et avec lui seul. Même le meilleur des conseils ou le plus grand réconfort humain ne suffiraient pas.

A midi, je reviens à Genèse 22. Je me représente de nouveau Abraham en chemin pour le mont Morija. Mais, cette fois, je ne l'observe pas de l'extérieur comme une autre personne distincte de moi-même. Je me retrouve identifiée à lui. Je suis moi-même véritablement en train de faire le voyage. Quelque part plus loin devant se trouve mon propre "mont Morija", le lieu de mon rendez-vous avec Dieu.

C'est le troisième jour qu'Abraham est arrivé à la montagne. C'est maintenant mon second jour seule, sans nourriture. Je sais que, moi aussi, j'arriverai au bout de mon voyage le troisième jour. J'ai cette pensée: "Demain, quelque chose va se produire."

Le mercredi, je retourne à la poste; mais avant même d'ouvrir la boîte, je sais qu'elle sera vide. Rien ne changera extérieurement dans ma situation, jusqu'à ce que j'aie atteint le "mont Morija" et vécu là mon rendez-vous avec Dieu.

En regagnant la maison dans la lumière éblouissante du soleil qui frappe dur, je commence à être prise de vertiges. Quand je grimpe l'escalier qui monte à l'appartement, mes genoux tremblent et il me faut m'appuyer contre le mur de la maison. Une fois dedans, je me laisse tomber sur le lit et reste allongée là, la chambre tournant devant mes yeux. Finalement, je m'assoupis.

Soudain, je suis de nouveau éveillée. J'ai une forte impression que Dieu lui-même est sur le point de me parler. Je reste allongée sur le lit, aussi tranquille que je peux.

"Je veux que tu me redonnes Tikva!" La pièce est remplie par une voix – et cependant, je n'entends rien d'audible.

Je réponds: "Mais, Seigneur, son père l'a reprise et je ne l'ai plus. – Tu as permis à son père de la prendre, mais à moi, tu ne l'as jamais donnée. Tu t'accroches encore à elle avec ta volonté. Je ne peux bénir que ce qui m'est abandonné librement."

Dieu lui-même est dans ma chambre. Un sentiment de crainte mêlé de respect m'envahit. Je me sens tellement petite et indigne! Cependant, Dieu a daigné parler avec moi.

Silencieusement, je glisse de mon lit et tombe sur les genoux, la tête inclinée. Puis je commence à prier. Les mots viennent lentement, un par un:

"Seigneur, je te remets Tikva. Tu me l'as donnée. Maintenant, je te la redonne. Elle est à toi! Qu'elle vive ou qu'elle meure, que je la revoie ou non, elle est à toi! Que ta volonté soit faite, pas la mienne!"

Alors, lentement, un grand calme intérieur s'établit. Je sais avec une certitude inébranlable que Tikva est dans les mains de Dieu et que sa volonté pour sa vie s'accomplira. Personne, ni aucune puissance sur la terre, ne pourra l'empêcher. Mon amour pour elle n'a pas changé. Mon cœur souffre et brûle toujours du désir de la voir, mais dans tout cela, et par-dessus tout, règne la paix la plus parfaite. La tempête qui faisait rage depuis trois semaines au-dedans de moi a cessé.

Comme je me dirige vers la poste le lendemain, je me sens propre comme si tout en moi avait été lavé. C'est mon quatrième jour de jeûne, mais je n'ai plus aucune sensation de faiblesse physique. Mon cœur déborde d'un amour plus profond et plus pur que j'aie jamais connu: un amour pour les enfants qui jouent dans la rue, un amour pour le mendiant aveugle sur le bord de la route, et par-dessus tout un amour pour Jérusalem elle-même. Je me souviens de la question que je me suis posée quand je venais d'arriver. Est-ce vraiment possible d'aimer de la poussière et des pierres? Maintenant, je connais la réponse: oui, c'est possible! Dieu a répondu à ma prière et partage avec moi une part de son propre amour pour Jérusalem.

Sur les marches de la poste, je me heurte à mademoiselle Gustafsson. "Quoi, c'est mademoiselle Christensen, dit-elle. Je vois que vous ne promenez plus le landau.

– Non, le père est venu reprendre le bébé.

– Tout est pour le mieux, mademoiselle Christensen. Tout est pour le mieux! Ce sera beaucoup plus facile pour vous de retourner au Danemark!" Le petit rire aigu qui accompagne ses paroles est comme un couteau planté dans la plaie de mon cœur. "Nous allons tous devoir partir ou nous serons assassinés dans notre lit! J'ai retenu une place pour retourner en Suède à la fin du mois. Vous pouvez probablement en avoir une sur le même bateau, car il fait escale à Copenhague."

Je réplique aussi poliment que je peux: "Merci, mais je ne fais pas de projet pour partir."

Dans ma boîte, ce matin, il y a deux lettres, toutes deux du Danemark. L'une est de maman. Je l'ouvre en premier. Elle contient un mandat de cent vingt dollars. La lettre explique la raison de cet envoi: "Nous entendons à la radio qu'on s'attend à des troubles à Jérusalem entre les Arabes et les Juifs... S'il te plaît, utilise cet argent pour t'acheter un billet sur le premier bateau qui fait route pour l'Europe... J'ai un grand désir de te voir... Ta mère qui t'aime."

Pendant un moment, je reste là, sur place, comme paralysée. A la douleur dans mon cœur pour Tikva s'ajoute maintenant l'ardent désir de voir maman. Ce chèque qu'elle m'envoie est-il ce que Dieu a prévu pour moi? Peut-être qu'il s'est arrangé pour me faire rencontrer mademoiselle Gustafsson à ce moment précis, de façon que je sois au courant du départ de ce bateau pour Copenhague?

Je me mets à raisonner. Après tout, Tikva m'a été enlevée. Je l'ai moi-même vraiment remise entre les mains de Dieu. Personne d'autre à Jérusalem ne semble avoir besoin de moi. Ne devrais-je pas aller à la maison où je suis aimée et désirée? Avec quelle joie maman recevrait ma lettre lui annonçant que j'arrive!

J'ouvre la seconde lettre. Elle vient aussi du Danemark et contient un mandat international de dix dollars avec ce seul message: "Pour votre œuvre à Jérusalem." Il n'y a ni adresse ni signature.

Je suis à la croisée des chemins. Lequel dois-je prendre? Dois-je accepter l'argent de maman et rentrer à la maison? Ou bien est-ce que l'autre don, beaucoup plus petit, est ce que Dieu pourvoit pour que je reste à Jérusalem? Je ne me risque pas à faire le choix moi-même. Debout près de ma boîte aux lettres, j'incline la tête, ferme les yeux et murmure: "Seigneur, montre-moi la voie que tu as préparée pour moi. Que ce ne soit pas mon choix, mais le tien!"

Pendant quelques minutes, rien ne change. Puis, une série de scènes pleines de vie commencent à défiler devant mes yeux. Ce sont les scènes dont je viens d'être témoin dans les rues ce matin: les enfants en train de jouer, le mendiant aveugle, les femmes portant leur panier sur la tête, les animaux lourdement chargés se mêlant à la foule, et derrière tout cela la silhouette crénelée du rempart de la vieille ville se détachant contre un ciel bleu sans nuage. Pour chaque scène qui passe devant moi, je ressens une réponse d'amour, un amour qui se donne, qui déborde, que Dieu lui-même a placé en moi.

Ma question a la réponse! Celle que j'ai déjà reçue dans le sous-sol de mademoiselle Ratcliffe la veille de Noël. Mes plans et mes sentiments propres se situent au niveau humain. Ils sont fluctuants et changeants. Mais le projet de Dieu se situe à un autre niveau et il reste inchangé. *Ma place est à Jérusalem!*

Je m'avance vers un guichet et encaisse le mandat de dix dollars. Puis, j'écris rapidement une lettre à maman en la remerciant de son amour et de sa sollicitude, mais en lui expliquant que je ne suis pas prête à quitter Jérusalem. Je glisse son mandat dans l'enveloppe et je la poste.

Un matin de la semaine suivante, je me réveille plus tôt que d'habitude avec une forte sensation d'attente. Quelque chose d'important est sur le point d'arriver! Je reste un moment au lit à essayer d'imaginer ce que la journée pourrait bien apporter, mais sans succès. Alors, je me tourne vers ma lecture journalière du Nouveau Testament. Elle commence à Hébreux 11. Après les premiers versets, je suis surprise de me retrouver une fois de plus en train de suivre l'histoire d'Abraham. Y aurait-il à son sujet quelque chose de plus que Dieu essaie de me montrer?

L'auteur de l'épître aux Hébreux retrace l'histoire d'Abraham dans ses grandes lignes, l'amenant à son point culminant avec l'offrande d'Isaac sur le mont Morija. Il souligne également quelque chose que je n'avais pas remarqué dans le récit de la Genèse, qui est le fait qu'Abraham n'a jamais douté que Dieu lui redonnerait Isaac, même s'il devait aller jusqu'à le ressusciter des morts. Voilà qui change quelque peu ma propre perspective.

Pendant ma lecture de la Genèse de la semaine précédente, je me suis sentie unie à Abraham dans son long voyage de mise à l'épreuve pour faire le sacrifice sur le mont Morija. Maintenant, je le vois descendant la montagne, une fois le test terminé. La foi a triomphé! La tête haute, le visage radieux, il descend le chemin rocailleux. A côté de lui marche l'enfant qu'il a offert à Dieu et reçu de nouveau de la main de Dieu. A ses oreilles résonne encore la promesse qui lui a été donnée du ciel: "Je te bénirai et je multiplierai ta postérité comme les étoiles du ciel" (voir Genèse 22:17 et Hébreux 6:14).

Cette pensée me saisit. Sa "postérité", c'était Isaac. Dieu lui a non seulement rendu Isaac, mais il le lui a rendu multiplié à l'infini! La leçon de ce récit se détache si clairement que j'en note les grandes lignes au bas de la page: *D'abord Dieu nous donne... Puis nous redonnons à Dieu... Enfin Dieu nous redonne de nouveau... béni et multiplié au-delà de ce que nous pouvons imaginer.*

Ma méditation est interrompue, car quelqu'un me réclame en frappant résolument à la porte. Debout sur le palier se tient une petite femme frêle, vêtue d'une robe de coton fanée, la tête couverte d'un foulard de couleur.

"Mademoiselle Christensen, vous souvenez-vous de moi? demande-t-elle en arabe." Je la regarde attentivement et réponds dans la même langue: "Non... je crains bien que non.

– Je suis la mère de Tikva!"

Je n'ai vu d'elle qu'une silhouette pelotonnée dans un châle, dans cette pièce sombre comme une caverne.

"Pardonnez-moi. Je me souviens de vous, maintenant. Entrez, s'il vous plaît!" Je suis reconnaissante pour les longues heures d'étude de la langue qui me permettent maintenant d'avoir une conversation avec elle.

"Non, je ne peux pas rester! Mais je suis venue vous demander quelque chose. Voulez-vous, s'il vous plaît, reprendre Tikva? Elle est avec son père à Tel-Aviv. Voici son adresse. (Elle me tend un bout de papier.)

– Votre mari et vous n'êtes-vous donc pas ensemble?

– Non, mademoiselle Christensen. Je ne peux pas vivre avec cet homme! Il ne pourvoit pas à mes besoins, il me laisse mourir de faim! Je suis allée toute seule à Tel-Aviv pour trouver du travail, mais il n'y en avait pas.

– Mais, madame Cohen, supposez que votre mari ne veuille pas me redonner Tikva?

– Mademoiselle Christensen, vous priez! (Elle joint les mains.) Je sais qu'il vous la redonnera! Il le doit! Autrement, elle mourra." L'instant d'après, elle est déjà en bas de l'escalier et franchit rapidement le pâté de maisons.

Je jette un coup d'œil à ma montre. Il est neuf heures! Le temps de saisir mon sac et je pars pour la gare des autobus. Une demi-heure plus tard, je roule vers Tel-Aviv. Toutes sortes de questions m'assaillent. Comment aborder monsieur Cohen? Et s'il refuse de me donner Tikva? Plus j'essaie d'imaginer les choses à l'avance, plus j'entrevois de problèmes. Finalement, j'y renonce. "Seigneur, je ne veux pas faire de plans, rien préparer d'avance! Je veux te faire confiance pour me donner les paroles justes quand j'en aurai besoin!"

Il y a environ un mile de la gare des autobus de Tel-Aviv à l'adresse indiquée par madame Cohen. La personne qui se présente à la porte me dit, en allemand, que monsieur Cohen lui a bien loué une chambre, mais qu'il est sorti à la recherche d'un travail. Je connais fort heureusement assez d'allemand pour une simple conversation:

"A-t-il un bébé avec lui, une fillette?

– Oui, il la garde dans sa chambre, auprès de lui, dans un landau.

– Puis-je la voir, s'il vous plaît? C'est sa maman qui m'envoie."

La dame hésite quelques instants, puis me conduit dans une pièce à l'arrière de la maison. Le landau est devant la fenêtre. Je me précipite pour voir. Tikva porte encore la robe rose que je lui ai mise le jour où son père l'a prise, mais elle est défraîchie et couverte de taches, presque méconnaissable. Ses joues ont perdu leur couleur et son front porte une plaie à vif.

Comme je me penche, elle ouvre les yeux et me fixe d'un regard terne qui ne paraît pas me voir. Puis une étincelle de reconnaissance semble s'allumer. Elle tend le doigt vers moi et touche mon œil en disant "œil" d'une voix qui n'est guère qu'un chuchotement. Puis elle ferme de nouveau les yeux.

La maîtresse de maison s'excuse. Je m'assieds sur la seule chaise de la pièce et commence à prier ardemment: "Seigneur, donne-moi les paroles qu'il faut dire!"

Environ quarante minutes s'écoulent lorsque j'entends des voix dans le couloir. L'instant d'après, monsieur Cohen entre. Il s'arrête sur le seuil. "Mademoiselle Christensen! Comment êtes-vous venue ici?" Il me regarde comme si j'étais un fantôme.

Au moment où je lui fais face, je ressens, agissant au-dedans de moi, la même puissance qui m'a empêchée d'argumenter ou de plaider avec lui quand il est venu pour m'enlever Tikva. Mais maintenant, des mots me sont donnés pour prendre la parole, chargés d'une autorité bien plus grande que la mienne propre.

"Votre femme m'a envoyée pour prendre Tikva. Tikva est de nouveau malade, et vous n'êtes pas en mesure de prendre soin d'elle. Si vous la retenez ici, elle mourra."

Cette fois, c'est à lui d'être incapable de parler. Il ouvre la bouche deux ou trois fois, mais pas une parole n'en sort.

"S'il vous plaît, aidez-moi à porter le landau. Je vais la ramener à Jérusalem avec moi."

Je n'essaie aucunement d'argumenter ou d'élever la voix, cependant mes paroles ont un effet spectaculaire sur lui. Ses mains tremblent véritablement au moment où il saisit le landau. Nous le transportons ensemble jusque dans la rue et nous nous mettons en route pour la station d'autobus.

A la gare, il m'aide à attacher le landau sur la galerie à bagages du bus tandis que je prends place à l'intérieur, avec Tikva dans les bras. Au moment où le bus démarre, il se tient là, me faisant de la main des signes d'adieu. Pour la première fois, je le vois sourire. Je réalise qu'il vient d'être délivré d'un fardeau qu'il n'était pas capable de porter.

Dans mes bras, pendant le trajet, Tikva se blottit tout contre moi aussi près qu'elle peut. De temps en temps, elle lève son doigt sur mon œil ou mon nez, mais il lui manque la force pour prononcer les mots. De mon côté, je lui fredonne doucement les refrains qu'elle affectionne particulièrement. L'intimité entre nous est plus profonde que les mots ne sauraient le dire. Mon cœur déborde d'amour pour elle et de gratitude envers Dieu qui me l'a redonnée. Mentalement, je me représente Abraham descendant du mont Morija avec Isaac à son côté. Je crois que je connais ce qu'il ressentait.

En passant devant la boutique de Shoshanna, roulant le landau, celle-ci nous épie par la porte ouverte. "C'est Tikva! s'exclame-t-elle. Vous l'avez retrouvée?"

Pendant que je lui raconte ce qui est arrivé, elle se penche sur la voiture, parlant à Tikva dans son langage yiddish pour bébé. Puis elle retourne à sa boutique et revient avec deux boîtes de lait. Je commence à ouvrir mon porte-monnaie, mais Shoshanna le repousse:

"Un cadeau d'une maman juive à un bébé juif!"

De retour à l'appartement, je suis en mesure d'examiner Tikva convenablement. Elle a perdu à la fois du poids et des forces. J'ai déjà vu la plaie de son front, mais j'en découvre d'autres sur son dos qui sont enflées et remplies de pus. J'aurais peur de les soigner sans un avis médical compétent. En somme, Tikva est dans un état désespéré, mais le principal est que Dieu me l'a rendue. Il ne va pas maintenant me faire défaut!

Ensuite, je fais le point de ma situation financière. Le don de dix dollars venant d'un anonyme du Danemark est presque épuisé. Nous sommes déjà dans la deuxième semaine de juillet et je n'ai pas encore payé mes douze dollars de loyer pour le mois. Les meilleurs vêtements de Tikva sont partis avec elle quand son père est venu la prendre, et dans mon émoi, j'ai oublié de les redemander. Il me faudra en acheter d'autres pour les remplacer. Et puis, il y aura les frais médicaux...

"J'ai vraiment besoin d'une grosse somme. (Je parle à moitié à moi-même, à moitié à Dieu.) Au moins cinquante dollars!" C'est à la fois une constatation, un souhait et une prière.

Dans ma boîte, le lendemain, il y a une lettre du Danemark. Toute excitée, je la retourne pour y lire le nom de l'expéditeur. Erna Storm! Mon excitation vire au désappointement. Qu'est-ce que Erna peut bien avoir à m'écrire? Il est vrai qu'elle m'a envoyé une fois cinq dollars par l'intermédiaire de Kristine Sonderby, mais une telle somme n'irait pas loin pour satisfaire mes besoins aujourd'hui.

Dès les premières phrases de la lettre d'Erna, mon humeur se transforme de nouveau, passant du désappointement à la stupéfaction:

"Chère Lydia,

Je dois commencer par te demander pardon de tout le mal que j'ai dit de toi quand tu as été baptisée, il y a presque deux ans. C'est terrible qu'il m'ait fallu si longtemps pour voir comme j'étais dans l'erreur, mais Dieu a été bon et patient avec moi.

Je ne peux te raconter tout ce qui est arrivé depuis que tu as quitté Korsor, mais le dimanche 23 juin, j'ai reçu moi aussi le précieux don du Saint-Esprit, et une semaine plus tard environ j'ai été baptisée comme croyante par le pasteur Rasmussen. Devine où? Dans le Store Baelt.

Naturellement, tout le monde à l'école parle de moi, exactement comme on l'a fait à ton sujet. Mais maintenant, je peux comprendre comment tu étais capable de rester si calme et si heureuse au milieu de tout cela. Cette fois, il ne sera pas nécessaire de porter mon cas devant une autorité supérieure. Cette question a été résolue une fois pour toutes quand le Parlement a pris la décision pour ton cas.

Kristine Sonderby, Valborg et moi, nous nous retrouvons chaque semaine pour prier pour toi. La situation politique semble inquiétante, mais nous proclamons pour toi la promesse du Psaume 34:8:

> "L'ange de l'Eternel campe autour de ceux qui le craignent, et il les arrache au danger."

Le don ci-joint vient de nous trois.
Bien à toi avec reconnaissance,

Erna"

Je glisse les doigts dans l'enveloppe et en tire un bout de papier. C'est un mandat de quatre-vingt-dix dollars!

Il me faut plusieurs minutes pour réaliser ce qui s'est passé. Dieu ne m'a pas seulement envoyé l'argent dont j'ai besoin, mais presque le double de ce que j'ai osé souhaiter. Et il a fait quelque chose de bien plus merveilleux. Il a répondu à mes prières pour Erna. Aurais-je imaginé, quand j'ai quitté Korsor il y a à peine plus de neuf mois, que Kristine, Erna et Valborg se réuniraient un jour pour prier pour moi?

* * * * * * *

Chapitre 12

Le siège

Derrière son comptoir, Shoshanna s'interrompt dans sa tâche de trancher du salami. Quand elle commence à s'exciter, elle a besoin de ses deux mains pour joindre le geste à la parole.

"Pourquoi cela nous arrive-t-il toujours à nous, les Juifs? dit-elle. En Europe, c'étaient les chrétiens qui ne voulaient pas nous laisser tranquilles; ici, ce sont les musulmans! Il y a eu des attaques tous les jours, cette semaine. Même au mur des Lamentations, les Juifs doivent se battre! Je vous le dis, cela n'annonce rien de bon!

– Ne pensez-vous pas que les Britanniques vont arrêter tout cela? dis-je.

– Les Britanniques! rétorque-t-elle. Tout ce qu'ils sont capables de faire, c'est de convoquer des commissions! Quel bien peut-il en sortir pour nous? Si nous n'apprenons pas à nous défendre nous-mêmes, personne d'autre ne le fera à notre place!"

Shoshanna me tend mon salami tout en donnant un quartier d'orange à Tikva, debout près de moi. Quelques minutes plus tard, je flâne en descendant la rue de Jaffa, tenant Tikva par la main.

Un mois et demi a passé depuis que j'ai ramené Tikva de Tel-Aviv. Le docteur a qualifié ses progrès de "phénoménaux". "Miraculeux", ai-je corrigé tout bas. Maintenant, je peux l'emmener pour de petites sorties à pied, sans le landau. Quand elle est fatiguée, je la place sur mes épaules. Chevaucher ainsi, les jambes autour de mon cou et les mains serrées autour de mon front, est son nouvel amusement.

Je suis arrêtée devant un magasin de chaussures, essayant de décider si j'ai les moyens d'acheter une minuscule paire de sandales pour Tikva, quand je réalise qu'on entend un mélange confus de clameurs et de cris qui vont en s'intensifiant rapidement. Me retournant en direction du vacarme, j'aperçois une foule qui monte comme un fleuve la rue de Jaffa dans ma direction. Mon attention est attirée par un groupe de femmes au premier rang. Leur cheveux défaits flottent sur leur visage et elles poussent des cris perçants en se frappant la poitrine. Au premier abord, je pense que je suis tombée nez à nez avec un enterrement; mais la foule avance bien trop vite.

Je saisis Tikva dans mes bras et m'empresse de quitter la route pour me réfugier dans un espace d'environ cinquante centimètres de large entre le magasin de chaussures et le magasin d'à côté. En restant aussi immobile que possible, j'observe les gens qui passent en courant. Après les femmes viennent des hommes et des garçons – des Juifs d'après les *kippas* qu'ils portent sur la tête. Ils sont équipés d'un étrange assortiment d'armes comme des haches, des pinces, des hachoirs de boucherie et même des couteaux à pain attachés au bout de manches à balai.

Peu à peu, le flot de gens s'amenuise et se tarit. Quelques retardataires à la débandade passent encore seuls ou par deux et sont tant des hommes que des femmes. Un barbu avance en titubant. Il tient contre sa tête un mouchoir plein de sang qui coule goutte à goutte le long de son visage et va se coaguler dans sa barbe.

Quelques minutes plus tard, j'entends des sanglots. Puis une jeune femme passe juste à quelques pas de moi. Pendant un instant, j'entrevois le corps flasque d'un petit garçon serré contre sa poitrine – la tête est renversée en arrière par-dessus son bras et le visage est d'une pâleur mortelle. Entre ses sanglots, la femme répète sans arrêt en gémissant le nom de l'enfant: "Ami... Ami... Ami..."

Enfin, on ne voit plus signe de vie dans la rue. Tikva commence à s'agiter. Je ne peux rester indéfiniment dans cet espace étroit. Est-ce le moment de regagner Mahaneh Yehuda? Je suis sur le point d'avancer la tête pour surveiller les lieux lorsque j'entends une forte détonation et un long sifflement plaintif quelque part dans la rue. C'est sûrement une balle! Je tire Tikva plus au fond de notre abri.

Après plusieurs minutes, sans aucun signe d'activité, j'avance la tête centimètre par centimètre jusqu'à ce que je puisse observer la rue vers le haut et vers le bas, dans les deux directions. La première chose qui retient mon regard est une *kippa* retournée qui gît au milieu de la rue. Mais sur toute la longueur, dans les deux sens, il n'y a pas une seule personne en vue.

Je prends Tikva dans mes bras et me mets à courir aussi vite que je peux en remontant la rue de Jaffa vers Mahaneh Yehuda. Tikva passe les bras autour de mon cou et s'accroche de toutes ses forces. Au moment où je tourne pour gagner le terrain où son situées nos maisons, je m'arrête soudain, consternée. Un étrange manteau silencieux repose sur chaque chose. En temps normal, le quartier aurait été en pleine activité; les enfants seraient en train de jouer et les femmes occupées à laver le linge. Mais maintenant, on ne voit personne. Toutes les portes sont fermées, tous les volets clos. Je cogne à deux entrées: "Shoshanna! Vera!"... Je ne reçois pas de réponse.

Au coin du bâtiment, je marche sur un petit objet rond qui roule sous mon pied. J'ai failli tomber. En regardant de plus près, je vois que c'est une balle! Instinctivement, je jette un coup d'œil circulaire pour voir qui a pu la tirer. Mais on ne voit personne. Je grimpe les marches deux par deux et me précipite dans l'appartement. Prenant juste le temps de poser Tikva dans son berceau, je reviens verrouiller la porte d'entrée et la bloque en y poussant la table de cuisine à la verticale. Puis, je ferme les volets des fenêtres des deux pièces et m'appuie encore haletante contre le mur de la chambre à coucher.

Lorsque j'ai repris haleine, j'entrouvre légèrement, avec précaution, les volets de la fenêtre de la chambre à coucher pour regarder dehors. Mahaneh Yehuda a pris l'allure d'une cité assiégée. Le long de la rue de Jaffa, aussi loin que porte le regard, des blocs de pierre sont empilés devant les portes et les fenêtres et sur les balcons de chaque maison. Dans quel but? Pour arrêter les balles ou pour être jetés sur quiconque pourrait attaquer? Je ne peux m'empêcher de constater que de tels moyens de défense seront pitoyablement inadéquats si les Arabes, munis de fusils, sont un tant soit peu nombreux.

Au bout d'un moment, des hommes et des femmes émergent peu à peu, par deux ou trois, des maisons de chaque côté de la rue de

Jaffa et commencent à bâtir une barricade. Les femmes déterrent les pavés de la rue ou des terrains vagues. D'autres remplissent de sable des bidons de pétrole vides, puis elles les passent aux hommes qui les empilent en travers de la rue, sur toute sa largeur. Dès que la barricade est terminée, hommes et femmes disparaissent de nouveau.

Cependant, dans mon propre petit pâté de maisons, il n'y a pas un signe de vie, pas un mouvement. Le silence est éprouvant pour les nerfs. Tous mes voisins ont-ils fui ou quelques-uns sont-ils encore là, barricadés à l'intérieur de leur maison, comme je le suis moi-même?

Avec le soleil du mois d'août dardant ses rayons sur le toit et une aération presque inexistante, la chaleur dans l'appartement devient bientôt une épreuve d'endurance. D'autre part, les volets clos créent un demi-jour artificiel qui renforce l'atmosphère lugubre d'isolement.

Si nous devons rester enfermées ici un certain temps, je ferais bien de faire le compte de mes provisions. En économisant, il y a assez à manger sur nos étagères pour deux jours environ. Je suis particulièrement reconnaissante d'avoir une petite boîte de lait. Mais quand je regarde dans la cruche de grès où je conserve l'eau, mon cœur défaille. Il n'y a dans le fond que quelques centimètres d'eau, à peine un litre. J'avais l'intention de sortir pour refaire ma provision d'eau fraîche au robinet de la cour dès le retour de la promenade.

Devais-je sortir immédiatement pour remplir ma cruche? Ce qui suppose traverser sur plus de trente mètres un espace à découvert jusqu'au robinet. J'ai à peine le temps d'envisager la question que les coups de feu recommencent quelque part, du côté est. De temps à autre, j'entends le sifflement plaintif d'une balle qui passe derrière la maison. Ce serait de la folie de m'exposer dans cet espace découvert tant qu'il fait jour. Et si j'étais atteinte par une balle sans pouvoir retourner à l'appartement, qu'adviendrait-il de Tikva? Je me mets à me faire des reproches de ne pas m'être mieux préparée. Après tout, plusieurs personnes différentes m'ont avertie que des troubles étaient imminents.

A part la canicule et la rareté de l'eau, mon plus grand problème est le manque d'information. Je n'aurais jamais cru qu'une ville de la dimension de Jérusalem puisse, en plein milieu du jour, être si silencieuse. C'est presque un soulagement à chaque fois que des tirs de fusil rompent le silence. J'essaie en vain de me représenter ce qui peut bien se préparer et je me promets que si jamais j'en sors vivante, ma première acquisition sera une radio portative!

Quand la nuit tombe, mon sentiment d'isolement devient total. Même dans les moments les plus fastes, Mahaneh Yehuda est faiblement éclairé; mais maintenant, on ne voit de lumière nulle part, pas même une seule, tant dans les rues que dans les maisons, et je n'ose pas allumer la mienne.

De temps en temps, je vais risquer un coup d'œil à la fenêtre par la fente des volets, mais je ne peux voir que les silhouettes indécises des maisons se détachant sur un ciel éclairé par les étoiles. A un moment, il me semble détecter la silhouette baissée d'un homme qui court entre les maisons. Une ou deux minutes plus tard, j'entends un bruit assourdi de pas dans le sable juste sous ma fenêtre. Mon cœur bat à grands coups dans ma poitrine, mais les pas s'éloignent et le silence descend de nouveau, interrompu seulement par les tirs sporadiques qui se poursuivent. Vers minuit, le ciel au-dessus de la vieille ville est illuminée par une incandescence rouge sombre qui persiste une ou deux heures, puis s'évanouit lentement. Involontairement, je me fais une représentation vivante de maisons en feu et je me demande quel est le sort des gens qui sont à l'intérieur. Finalement, je m'allonge sur le lit habillée et essaie de me reposer, sans grand succès. Je me rappelle trop bien les paroles de mademoiselle Gustafsson sur les marches du bureau de poste: "Nous allons tous être assassinés dans notre lit!"

Le lendemain matin, il n'y a pas de changement visible de la situation. De tous côtés les portes sont toujours fermées, les volets clos, les rues désertes. Je m'occupe de Tikva de mon mieux. Il n'est pas question de la laver. Je décide que le meilleur moyen pour économiser notre eau est de la mélanger au lait de la boîte et de la lui donner dans son biberon. Je bois aussi moi-même quelques gorgées de ce mélange.

Vers midi, je remets Tikva dans son berceau pour une petite sieste. Mais cette fois, la sensation d'isolement devient insupportable. Sans radio, sans journal, sans aucun contact avec mes voisins, je n'ai qu'une source d'information vers laquelle me tourner, et c'est la Bible. Assise à la table, ma Bible fermée devant moi, je prie: "Seigneur, s'il y a quelque chose dans ce livre qui peut m'aider à comprendre ce qui se passe et quel rôle tu me réserves d'y jouer, s'il te plaît, montre-le-moi maintenant." Puis j'ouvre ma Bible au hasard.

Sur la page du livre d'Esaïe qui s'étale devant moi, deux versets, que j'ai déjà soulignés en bleu, me sautent aux yeux:

> "Sur tes murs, Jérusalem, j'ai placé des gardes; ils ne se tairont ni jour ni nuit. Vous qui la rappelez au souvenir de l'Eternel, point de repos pour vous! Et ne lui laissez aucune relâche, jusqu'à ce qu'il rétablisse Jérusalem et la rende glorieuse sur la terre" (Esaïe 62:6-7).

Des gardes... sur les murs de Jérusalem... qui ne se tairont ni jour ni nuit. Ce doit être l'image de gens qui prient avec une ferveur et une persistance formidables, leurs prières étant toutes focalisées sur un seul endroit, qui est Jérusalem. Mais pourquoi Jérusalem? Qu'a donc cette ville qui la rende différente de toutes les autres? Je commence à tourner les pages de la Bible à la recherche d'une réponse.

Au cours des quatre heures qui suivent, toute ma perspective est transformée. C'est comme si j'étais enlevée dans l'espace pour regarder le monde du point de vue de Dieu. La terre, comme je la vois maintenant, a un centre désigné par Dieu, et c'est Jérusalem. Depuis ce centre, d'après le plan divin, la vérité et la paix doivent se déverser vers tous les pays. En retour, l'adoration et les offrandes de toutes les nations doivent y affluer. L'accomplissement de ce plan est l'unique espoir de la terre. Jérusalem est la seule source de la paix; il n'y en a pas d'autre.

Les mots familiers du Psaume 122, "priez pour la paix de Jérusalem", prennent un sens nouveau. Je ne vois plus cette exhortation comme un simple appel à prier pour une certaine ville d'un pays qui n'est qu'une minuscule portion de la surface totale de la terre. Les effets de cette prière doivent bénir tous les pays et tous les peuples. La paix du monde entier dépend de la paix de Jérusalem.

Pourquoi, alors, cette ville-là précisément a-t-elle été, plus qu'aucune autre, tourmentée tout au long de trois millénaires par tout ce qui s'oppose à la paix, c'est-à-dire la guerre, les massacres, les destructions et l'oppression? Je ne vois qu'une seule explication: *Jérusalem est le champ de bataille de puissances spirituelles.*

Je lis quelques passages qui ne me laissent aucun doute de l'existence de forces spirituelles mauvaises à l'œuvre dans le monde – Paul les appelle "principautés et puissances". Elles s'opposent délibérément et systématiquement tant aux plans de Dieu qu'à son peuple. Nulle part sur la terre cette opposition n'est plus intense, plus concentrée qu'à Jérusalem. Le fait que Dieu ait choisi cette ville comme centre de bénédiction pour le monde en fait aussi le point de convergence des forces mauvaises d'opposition. En réalité, je commence à voir Jérusalem comme la scène sur laquelle ce conflit cosmique entre le bien et le mal doit atteindre son apogée – apogée prédit depuis longtemps par les prophètes et maintenant vraisemblablement tout près de se réaliser.

C'est pourquoi les problèmes de Jérusalem défient toute tentative de trouver une solution si l'on s'en tient au plan strictement politique, comme la situation tout autour de moi en ce moment en témoigne. Ni les politiciens avec leurs conférences, ni les généraux avec leurs armées ne peuvent résoudre les problèmes de Jérusalem. La réponse doit être recherchée sur un plan plus élevé. Une force spirituelle ne peut être affrontée que par une autre force spirituelle. Il n'y a qu'une puissance suffisamment forte pour vaincre l'opposition des forces du mal, et c'est la puissance de la prière.

Je reviens donc une fois encore au Psaume 122: "Priez pour la paix de Jérusalem." J'ai l'impression que Dieu met l'accent sur le mot "priez". Rien ne peut apporter la paix à Jérusalem, exceptée la prière.

"Lait, maman, lait!" Tikva, qui pleurniche dans son berceau, interrompt mes méditations. Comme sa robe de coton est trempée de sueur, je la déshabille en ne lui laissant que sa couche. Je mélange ensuite un peu d'eau avec une quantité de lait plus petite et le lui donne. Je suis sur le point d'en prendre aussi une petite gorgée, mais je me retiens; tout ce qui nous reste maintenant, comme liquide, est à peine une tasse d'eau et environ la moitié moins de lait. Jusqu'à ce que je puisse refaire le plein, je dois tout réserver pour Tikva.

Pendant un moment, je la garde sur mes genoux en essayant de la consoler. Quand elle est redevenue calme, je la repose dans son berceau et reviens à la Bible. Dans l'excitation de la découverte des nouvelles vérités qui se révèlent à moi, j'oublie la soif et la pénombre étouffante de l'appartement. Sonder les desseins de Dieu pour Jérusalem me conduit tout naturellement à ses desseins pour Israël. Je découvre que les deux sont entrelacés et ne peuvent être séparés. Les prophéties qui promettent miséricorde et rétablissement à Jérusalem sont celles-là même qui les promettent aussi à Israël. L'un ne va pas sans l'autre.

Et j'en trouve, des promesses de rétablissement d'Israël! Oh combien! Du commencement jusqu'à la fin, les écrits des prophètes en sont pleins; mais combien de ces prophéties se sont-elles déjà accomplies? Pendant la décennie qui suit la guerre de 1914-1918, en un courant ininterrompu, des Juifs sont revenus dans leur pays. Mais – si j'interprète correctement ce que je lis – cela n'est que le prélude à quelque chose de beaucoup plus grand. Dieu s'est, en fait, engagé lui-même, par ses prophètes, à les rassembler en tant que nation indépendante dans leur propre pays. Dans ce but, a-t-il déclaré, il doit faire plier toutes les forces de l'histoire.

Comme les prophètes de l'Ancien Testament, l'apôtre Paul, lui aussi, réitère la promesse d'une complète restauration. "Tout Israël sera sauvé" (voir Romains 11:26). Il explique très clairement le plan de Dieu, qui est la restauration de la terre entière passant par la restauration d'Israël; elle ne peut s'accomplir sans celle d'Israël. Il rappelle aussi, aux chrétiens d'origine non juive auxquels il écrit, qu'ils doivent leur héritage spirituel tout entier à Israël, et il les exhorte instamment à rembourser leur dette de miséricorde: "... afin que, par la miséricorde qui vous a été faite, ils obtiennent aussi miséricorde" (verset 31).

Je me dis, finalement, quelle perspective curieusement pervertie nous avons eue, nous, les chrétiens! Nous avons agi comme si nous nous suffisions à nous-mêmes, ne devant rien au peuple d'Israël ou à Jérusalem et n'ayant aucunement besoin de lui. Et pourtant, la vérité est que le plan de Dieu pour la paix et la bénédiction de toutes les nations ne pourra jamais arriver à s'accomplir à moins que tant Israël que Jérusalem ne soient restaurées... et il attend de nous que nous devenions ses co-ouvriers pour faire réussir ces desseins.

Dieu me demande-t-il maintenant d'accepter ma responsabilité personnelle pour Jérusalem et de prendre ma place comme "sentinelle" sur les murs, priant jour et nuit pour la mise en œuvre de son plan? Ne serait-ce pas là son but premier en me faisant venir depuis le Danemark?

Plus je médite sur le sujet, plus il prend vie. Au milieu de toute la tension qui m'environne monte au fond de moi un sentiment de soulagement. J'ai l'impression que j'arrive au bout d'une longue quête. Il y a juste deux ans, en écoutant le docteur Karlson dans l'église pentecôtiste de Stockholm, j'ai pour la première fois demandé à Dieu de me montrer la tâche qu'il m'a destinée dans la vie. Depuis lors, son plan s'est déroulé étape par étape. Il m'a amenée à Jérusalem, il m'a donné Tikva pour que j'en prenne soin, il m'a placée à Mahaneh Yehuda comme son ambassadrice. Toutes ces choses sont des formes de service envers des hommes. Il y en aura sans doute d'autres qui s'ajouteront en leur temps.

Maintenant, je réalise que Dieu me parle d'un service sur un plan plus élevé. Il ne s'agit pas d'un service envers les hommes, mais envers lui-même. Pendant cette journée de siège, il m'a ouvert les yeux pour voir, au-delà de tout besoin ou situation individuels, son propre plan immuable pour Jérusalem et pour la terre entière. A la lumière de ce qu'il vient de me montrer, il me demande de prendre ma place de sentinelle, d'intercesseur, mettant en action par la prière la seule puissance qui peut mener ses plans à leur accomplissement. J'ai l'impression que je vais ainsi devenir un des membres d'une grande compagnie de ces sentinelles, dont l'existence s'étend sur de nombreux siècles. Cependant, toutes ces sentinelles se sont réjouies à l'avance de l'aube d'un nouvel âge.

En face de cette révélation nouvelle de la tâche que Dieu a pour moi, je me sens, comme toujours, faible et incompétente. Mais maintenant, j'ai appris à me reposer sur sa puissance, et non sur la mienne. J'incline la tête au-dessus de ma Bible ouverte: "Seigneur (je choisis lentement et soigneusement mes mots avec le sentiment qu'ils s'enregistrent au ciel), avec ton aide, je veux prendre la place que tu m'as assignée en tant que sentinelle sur les murs de Jérusalem."

Quand la nuit vient, je donne à Tikva tout ce qui reste de lait et d'eau. Je n'ai plus le choix; quel que soit le danger, je dois me glisser dehors quand la nuit sera la plus sombre pour remplir notre seau d'eau.

Je m'allonge tout habillée sur le lit pour attendre minuit. De temps en temps, j'allume ma lampe de poche avec précaution devant le cadran de ma montre. Jamais les heures ne m'ont paru passer aussi lentement. Le silence de la nuit est toujours rompu par un tir occasionnel. Cependant, autant que je puisse en juger, aucun n'arrive près de notre maison. Finalement, malgré moi, je m'assoupis.

Soudain réveillée, j'essaie de me rappeler pourquoi je suis allongée habillée sur le lit. Alors, avec la réapparition de la soif, tout revient: le siège, les tirs, le silence, les maisons barricadées. Je tâtonne pour trouver ma lampe de poche et j'éclaire un instant ma montre. Il est presque une heure du matin. Il ne peut y avoir d'occasion plus propice pour aller chercher de l'eau!

Après m'être assurée que Tikva dort, j'écarte doucement la table de cuisine de la porte d'entrée. Puis je saisis mon seau, ouvre la porte centimètre par centimètre et me tiens en haut des escaliers, l'oreille aux aguets. Rien ne bouge. Je descends sur la pointe des pieds et traverse la cour jusqu'aux bacs à laver. J'approche mon seau et tourne le robinet. On entend un faible crachotement, mais l'eau ne vient pas. Pendant quelques instants, je me tiens là, comme paralysée, une main sous le seau, l'autre sur le robinet. Puis la réalité me frappe de plein fouet: il n'y a pas d'eau! D'une façon ou d'une autre, au cours des émeutes, l'approvisionnement a été coupé!

Mon esprit refuse d'en considérer les conséquences. Une seule chose compte à cet instant, celle que je dois revenir à l'appartement auprès de Tikva! Aussi rapidement et aussi silencieusement que je suis venue, je retourne sur la pointe des pieds, le seau vide à la main. Tikva dort toujours. Je m'allonge de nouveau sur le lit et essaie de voir comment gérer la situation. Tikva et moi devons aller à la recherche d'eau. Mais où? Un seul endroit me vient à l'esprit, celui de la maison de mademoiselle Ratcliffe. Elle a sa propre citerne, ce qui veut dire qu'elle n'est pas dépendante du réseau de la ville.

J'envisage ce que cela implique. La distance n'est que d'un mile, mais il est à peu près sûr qu'il y aura des barricades sur le trajet. Cela veut dire que je ne pourrai pas prendre le landau. Il me faudra porter Tikva sur les épaules. A mi-chemin environ, je passerai de la zone juive à la zone arabe. Ce sera l'endroit du plus grand danger, puisque les deux camps épient tout signe de mouvement chez l'autre.

Quand devrai-je me mettre en route? Je décide de demander un signe à Dieu: "Seigneur, s'il te plaît, fais que Tikva continue à dormir jusqu'à ce que ce soit pour nous le moment de partir. Dès qu'elle se réveillera, je saurai que nous devrons y aller."

A ma grande surprise, Tikva dort beaucoup plus longtemps qu'à son habitude. Pendant que j'attends son réveil, j'examine prudemment les alentours une fois de plus depuis la fenêtre. Toujours ce même décor désert et silencieux. Puis, un homme émerge d'une maison à l'autre bout de la rue de Jaffa, traverse rapidement la chaussée en se penchant pour ne pas dépasser la barricade et disparaît de l'autre côté, dans un espace entre deux maisons. Il transporte quelque chose dans une main que je n'arrive pas à reconnaître; est-ce un bâton peut-être, ou bien un fusil? A part cela, je ne repère aucun signe d'activité.

A sept heures trente environ, Tikva s'éveille. Ses premiers mots sont: "Lait, maman!" Mais, bien sûr, il n'y a pas de lait. Je la soulève de son berceau et la pose sur mes épaules. Quoique bien misérable, son visage s'éclaire: maman recommence à jouer!

Avant de descendre l'escalier, je murmure une rapide prière: "Seigneur Jésus, protège-nous!" A cet instant, je me rappelle la phrase qui termine la lettre d'Erna Storm: "Nous proclamons pour toi la promesse du Psaume 34:8: "L'ange de l'Eternel campe autour de ceux qui le craignent et il les arrache au danger." J'étais loin de réaliser, quand j'ai lu sa lettre, à quel point j'allais avoir besoin de cette promesse-là.

Donc, avec Tikva à califourchon sur mon cou et ses mains plaquées sur mon front, je me mets en route en direction de Musrara. Le soleil matinal, qui darde ses rayons sur les maisons aveugles et les murs vides, est déjà désagréablement chaud. Mais ce silence étrange et inquiétant est encore plus éprouvant pour les nerfs que la chaleur. Voir ne serait-ce qu'un chien ou un chat serait le bienvenu. Tous les cent mètres à peu près, j'arrive à une barricade de pierres et de débris variés empilés en travers de la rue. Je l'escalade péniblement, grimpant à moitié à quatre pattes, tenant toujours Tikva sur les épaules.

Après environ un demi-mile, j'arrive à une barricade beaucoup plus haute que les autres; il s'agit de la ligne de démarcation entre les zones juive et arabe. Je commence l'escalade à quatre pattes mais, à mi-hauteur, mon pied glisse sur une pierre branlante et, dans une avalanche de débris, je glisse et me retrouve tout en bas; Tikva a failli tomber de mes épaules. Réalisant que je suis à bout de force, je pose Tikva par terre et m'assieds près d'elle, sur une pierre. Par moi-même, j'en suis sûre, je pourrais me débrouiller pour passer par-dessus; mais comment faire avec Tikva?

Soudain, j'ai l'étrange impression de n'être plus toute seule. Tous mes muscles se tendent. Je me retourne rapidement et me trouve face à un jeune homme, debout sur la chaussée, à deux pas de moi. Un cri me monte aux lèvres, mais avant que je puisse émettre un son le jeune homme a pris Tikva et l'a placée sur ses épaules, dans la position même où je la transportais. Puis, apparemment sans effort, il escalade la barricade. Soulagée du fardeau de Tikva, je réussis à grimper après lui.

Dès que je suis de l'autre côté, le jeune homme se met en route, portant toujours Tikva sur ses épaules, moi-même suivant à quelques pas derrière. Tout en essayant de saisir ce qui se passe, je regarde un peu mieux le jeune homme. Sa taille est environ de un mètre quatre-vingts. Il porte un costume sombre de coupe européenne. Il n'est certainement pas Arabe. Il pourrait être Juif. D'où est-il venu? Comment est-il apparu si soudainement près de moi?

Ce qui me surprend le plus, c'est le comportement de Tikva. D'habitude, si un étranger essaie de la prendre, elle se met à pleurer. Mais je n'ai pas entendu une seule protestation depuis que le jeune homme l'a prise. Elle chevauche sur ses épaules tout aussi contente que si elle était sur les miennes. En fait, elle a même l'air d'y prendre plaisir!

Pendant presque un demi-mile, le jeune homme marche devant, à grands pas. Jamais il n'hésite quant à la route à suivre, mais il prend le trajet le plus direct pour aller à Musrara. A chaque fois que nous arrivons à une barricade, il l'escalade devant moi, puis il attend de l'autre côté assez longtemps pour s'assurer que je suis passée saine et sauve. Finalement, il s'immobilise exactement devant la maison de mademoiselle Ratcliffe, pose Tikva par terre et fait demi-tour pour retourner le long du chemin par lequel nous sommes venus. Pendant toute la durée de notre rencontre, il n'a pas dit un seul mot, ni lorsqu'il est arrivé, ni lorsqu'il est reparti. En un instant, il a disparu.

En me demandant encore si toute l'affaire est un rêve ou la réalité, je prends Tikva dans les bras, grimpe les marches qui mènent à la porte d'entrée de mademoiselle Ratcliffe et me mets à frapper à coups redoublés.

"Qui est-ce? Que voulez-vous? crie une voix en arabe.

– C'est moi, Maria. Lydia Christensen! S'il vous plaît, ouvrez-moi!

– Mademoiselle Christensen!" Maria en a le souffle coupé. Puis, je l'entends crier en se retournant: "C'est mademoiselle Christensen! Elle est là, à la porte!" Suit une série de bruits

comme des meubles lourds qu'on dégage et un verrou qu'on tire.
Enfin, la porte s'ouvre et Maria me prend Tikva des bras.

"Merci mon Dieu, vous êtes saine et sauve! dit mademoiselle
Ratcliffe derrière elle. Depuis deux jours, nous nous demandions
ce qui vous était arrivé."

Je réalise soudain que mes jambes ne veulent plus me porter.
Dans un ultime effort de volonté, j'atteins le sofa et m'y laisse
tomber.

"De l'eau, s'il vous plaît!" Tenant toujours Tikva dans ses bras,
Maria sort en courant et revient un instant plus tard avec un
verre d'eau. Je n'ai jamais rien bu d'aussi bon de ma vie!

"Comment avez-vous pu arriver jusqu'ici? insiste mademoiselle
Ratcliffe. Nous avons téléphoné au commissariat de police pour
demander d'envoyer une patrouille pour aller vous chercher,
mais il nous a été répondu que c'était impossible pour qui que ce
soit d'arriver à Mahaneh Yehuda."

Je décris le trajet avec le jeune homme qui m'est venu en aide.

"*El-hamd il-Allah!* s'écrie Nijmeh en battant des mains, tout
excitée. Dieu a répondu à nos prières! Nous lui avons demandé
d'envoyer un ange pour vous protéger, et c'est sans aucun doute
ce qu'il a fait!"

* * * * * * *

Chapitre 13

Sentinelle sur les remparts

Plus tard ce jour-là, mademoiselle Ratcliffe complète mes informations sur les événements tels qu'elle a pu les reconstituer d'après les émissions à la radio. Des manifestations politiques et religieuses organisées tant par des sionistes que par des musulmans se sont développées en émeute généralisée. Puis, le vendredi 23 août, les musulmans ont lancé une offensive contre diverses communautés juives. C'est le jour où le siège de Mahaneh Yehuda a commencé. Jusque-là, les forces de sécurité n'ont pas été capables de contrôler la situation. Les premières estimations annoncent qu'au moins deux cents personnes ont été tuées, des Juifs pour la plupart, mais aussi quelques Arabes.

"Pour combler le tout, ajoute-t-elle, le haut-commissaire britannique est à l'étranger; mais les derniers communiqués disent qu'il est sur le chemin du retour."

Pendant les trois jours suivants, la situation dans la ville reste inchangée: portes fermées, volets clos, rues désertes. Une tension et un silence anormal planent sur tout – rompus par le bruit devenu familier d'un tir de fusil. Puis, le jeudi soir 29 août, la radio annonce que le haut-commissaire est de retour.

"Peut-être vont-ils maintenant commencer à faire quelque chose", commente Nijmeh.

De bonne heure le matin suivant, le silence qui règne sur la ville est interrompu par un nouveau bruit, celui du crépitement sec des rafales de mitrailleuse.

"Des mitrailleuses! s'exclame mademoiselle Ratcliffe. Ce doit être les forces britanniques. Ni les Arabes ni les Juifs n'en ont."

Vers midi, nous entendons un bruit d'engins qui se rapprochent. J'entrouvre les volets avec précaution. Une voiture blindée britannique monte la rue avec un soldat armé d'une mitrailleuse. Derrière vient un camion de police découvert chargé d'une demi-douzaine de policiers portant tous un fusil. Les deux véhicules passent devant la maison et continuent en bifurquant dans la direction par laquelle nous sommes venues de Mahaneh Yehuda. Environ cinq minutes après, le bruit de plusieurs rafales de mitrailleuse nous arrive de la même direction. Puis, le silence descend de nouveau. Plus tard dans la journée, nous entendons, au loin, des coups de feu dans diverses directions.

Le samedi 31 août, le gouvernement annonce que la situation est maîtrisée et donne aux résidents de chaque quartier vingt-quatre heures pour enlever les barricades qu'ils ont élevées. Tard dans l'après-midi, les gens commencent à émerger de leur maison et nous entendons de nouveau le son des voix dans les rues. Lentement mais sûrement, la vie redevient normale.

Ce soir là, je vais rejoindre Nijmeh dans sa chambre. "Nijmeh, je voulais vous interroger depuis longtemps à propos de quelque chose qui s'est produit au Danemark, quand Dieu m'a remplie pour la première fois du Saint-Esprit." Aussi précisément que je le peux, je décris la vision avec la femme à la jarre sur la tête et les hommes assis en rond autour d'elle, puis je conclus: "Depuis mon arrivée à Jérusalem, j'ai vu beaucoup de femmes habillées comme celle-là et portant une jarre sur la tête, mais je n'ai jamais vu cette femme-là.

– Mademoiselle Christensen, je suis vraiment émerveillée! Vous venez de décrire une partie d'un mariage arabe. Quand j'étais petite fille, j'ai assisté bien des fois à une scène semblable.

– Mais pourquoi Dieu m'a-t-il montré ce genre de choses?"

Nijmeh reste silencieuse un moment, puis elle dit: "Pendant des années, j'ai demandé à Dieu d'envoyer quelqu'un pour prendre soin des enfants sans foyer de ce pays – son propre pays. Et maintenant, il vous a envoyée pour aider les gens d'ici, les enfants, les femmes, peut-être d'autres également. Si vous continuez à lui obéir et à le suivre pas à pas où il vous conduira, je suis sûre qu'un jour vous verrez la scène même que vous venez de décrire.

– Mais, Nijmeh, je suis ici depuis près d'un an maintenant, et tout ce que j'ai fait, c'est de secourir un seul petit enfant! Quand je pense à ce que cela implique, je ne suis pas sûre que j'aurai les aptitudes nécessaires pour accueillir d'autres enfants.

– Mademoiselle Christensen, je crois que vous avez posé des fondements pour quelque chose de plus que Dieu a en réserve pour vous. Les poser est presque toujours la partie la plus ardue de n'importe quelle construction. Souvenez-vous aussi que Dieu ne nous enseigne pas deux fois la même leçon. Celles que vous avez apprises avec Tikva, Dieu n'aura pas à les répéter avec chacun des autres enfants qu'il vous enverra.

– Vous avez peut-être raison, Nijmeh Mais pour le moment, je ne me sens pas à la hauteur d'une telle tâche."

Le lendemain, j'estime que nous pouvons retourner en sécurité à Mahaneh Yehuda. Tikva commence le trajet en trottant près de moi, mais finit, comme d'habitude, sur mes épaules. Tout le long de la route, je m'interroge sur mes voisins: Shoshanna, Vera, Ephraïm et sa famille. Vais-je les retrouver sains et saufs? Je n'avais pas encore réalisé tout ce qu'ils représentaient pour moi.

Regardant par la porte ouverte de son magasin, Shoshanna nous voit approcher et sort en courant pour nous saluer. "Dieu merci! s'écrie-t-elle. Vous êtes en vie! Nous pensions tous que vous aviez été tuée. Où étiez-vous?"

Je lui raconte que je suis restée dans l'appartement jusqu'à ce que l'eau soit épuisée, et qu'ensuite je suis partie à Musrara avec Tikva.

"Vous êtes allée à pied à Musrara... avec Tikva? Et personne ne vous a attaquée?" Shoshanna n'en croit pas ses oreilles.

"J'ai prié en demandant à Dieu de me protéger. Ensuite, quand je n'ai plus réussi à me débrouiller toute seule, Dieu a envoyé un homme pour m'aider.

– Un homme? Quel genre d'homme aurait pu faire ça?

– Shoshanna, pouvez-vous croire que Dieu aurait envoyé un... (j'hésite) un ange pour m'aider?

– Un ange? Shoshanna me fixe avec de grands yeux pendant un moment. Puis-je le croire? Je vais vous dire ce que je crois; personne, excepté un ange, n'aurait pu faire ça!"

A cet instant, la porte de Vera s'ouvre et elle sort en s'enroulant dans son châle. Elle paraît encore plus recroquevillée que d'habitude. *"Habeebti! Habeebti!"* dit-elle, me tapotant amicalement le bras tout en parlant. Puis elle joint les mains comme pour la prière et lève les yeux au ciel. Je comprends qu'elle remercie Dieu de m'avoir ramenée saine et sauve. En faisant tous ses efforts linguistiques pour se faire comprendre, elle continue: "Moi... dormir... (elle pose la tête sur les mains comme sur un oreiller) moi... dormir... cinq jours... six jours... pas manger... eau." Elle exprime la quantité en joignant les mains en forme de coupe; il s'agit d'une tasse environ, si je la comprends bien.

Pendant ce temps, Shoshanna a amené Tikva dans le magasin et lui pèle une banane.

En voyant la joie non feinte avec laquelle mes deux voisines m'accueillent à mon retour, les larmes me montent aux yeux. Je sais maintenant, sans l'ombre d'un doute, que je suis acceptée. *J'appartiens* à la communauté. Je ne suis plus une intruse du monde des gentils. Ils sont mon peuple. Je leur appartiens et ils m'appartiennent.

De retour là-haut, dans mon appartement, je jette un regard circulaire sur ces objets qui sont à moi. Ils forment un étrange assortiment: le berceau peint de blanc, le landau anglais, le rocking-chair à fond canné, le primus, les bouteilles sur les étagères. C'est comme si je retrouvais de vieux amis. Chaque objet a une histoire bien à lui. Je me souviens du magasin où je l'ai déniché et du temps que j'ai passé à le marchander.

Comme c'est bon d'être à la maison!

Le lendemain, Tikva et moi partons pour notre promenade familière à la poste. Les rues sont de nouveau animées, pleines de gens, et les magasins ouverts. Je marche plus lentement que d'habitude pour prendre le temps de jouir du spectacle et des bruits que j'en suis arrivée à aimer. Devant une petite bijouterie, je fais une pause; mon attention est attirée à l'intérieur par un Juif d'un certain âge, penché dans une attitude de profonde concentration sur une pierre qu'il travaille. La dextérité et la précision de ses mouvements me fascinent.

Combien de temps et de soins n'a-t-il pas consacrés à une seule pierre; sans compter toutes les années qu'il a passées à apprendre son métier! De quoi méditer.

Ma pensée va vers mes propres expériences faites en prenant

soin de Tikva. Etait-ce mon apprentissage? Inconsciemment, j'incline la tête: "Seigneur, si tu as d'autres joyaux, ici à Jérusalem, qui ont besoin de mon amour, je suis d'accord."

Je sens que Tikva me tire par la main. "Maman... hop!" dit-elle. Je me baisse et la juche sur mes épaules pour continuer notre promenade jusqu'à la poste.

Je doute que du courrier ait pu passer pendant les émeutes, mais, à mon grand ravissement, je trouve une lettre venue par avion écrite à la hâte par maman:

"Les nouvelles de Jérusalem sont des plus angoissantes, et je n'ai rien eu de toi depuis deux semaines. Es-tu saine et sauve? As-tu besoin de quelque chose: argent ou nourriture? Que puis-je faire pour aider?"

Cet après-midi-là, dans l'appartement, je dispose la lettre de maman sur la table et la relis d'un bout à l'autre, cherchant comment répondre à chaque question.

Suis-je saine et sauve? – Oui, merci Seigneur. Je ne suis pas seulement saine et sauve, mais je vais bien, je suis forte et heureuse!

Est-ce que je manque d'argent? J'ouvre mon porte-monnaie. Il contient trois dollars environ. J'ai déjà payé mon loyer pour le mois et à la banque j'ai environ six dollars. – Non, je n'ai pas besoin d'argent.

Est-ce que je manque de nourriture? Je scrute les étagères: huile, pain, olives, figues, tomates, quelques œufs, une boîte de sardines, une boîte de lait, sucre et café également. – Non, je ne manque pas de nourriture.

Je sors mon bloc de papier à lettres et j'écris à maman. Il me faut plusieurs pages pour relater les expériences que j'ai faites pendant les émeutes et mon retour à Mahaneh Yehuda. Puis j'écris:

"Tu demandes ce que tu peux faire pour aider. Je crois qu'il y a des choses que toi, et chaque chrétien, peut faire. Au milieu de la bataille, Dieu m'a montré quelque chose qui a complètement changé ma perspective. J'en suis soudain arrivée à voir que nous, chrétiens, avons une dette qui est restée impayée depuis de nombreux siècles envers Israël et Jérusalem. C'est à eux que nous devons la Bible, les prophètes, les apôtres, le Sauveur lui-même. Pendant bien trop longtemps, nous avons oublié cette dette, mais maintenant le temps est venu pour nous de commencer à la rembourser et nous avons deux moyens par lesquels nous pouvons le faire.

D'abord, il nous faut nous repentir de nos péchés contre Israël; au mieux, de notre ingratitude et de notre indifférence, au pire de notre mépris arrogant et de nos persécutions.

Ensuite, avec un véritable amour et une vraie sollicitude, nous devons prier, comme le psalmiste nous le dit, "pour la paix de Jérusalem" en nous souvenant que celle-ci ne pourra venir sur Jérusalem que lorsque Israël reviendra vers Dieu. Dieu m'a montré qu'à partir de maintenant, prier de cette façon pour Jérusalem sera la forme de service la plus élevée que je puisse lui rendre."

Puis, je prends la main de Tikva et l'étends paume vers le bas sur la demi-page restée libre sous le texte pour tracer le contour de la main et des doigts avec la plume. A côté, j'écris: "Tikva aussi t'exprime son amour."

En allant poster la lettre pour maman le lendemain matin, je m'arrête pour regarder la silhouette devenue familière des remparts de la vieille ville. Comment est-ce d'être une sentinelle qui se tient sur la muraille, endurant la chaleur brûlante du soleil et le froid dans le silence de la nuit?

Je pense que ce doit être une tâche pénible et solitaire. Les remparts sont si larges et les directions d'où peut surgir le danger si nombreuses! Mais supposez qu'il y ait beaucoup de sentinelles, une vaste compagnie qui se tienne épaule contre épaule?... *Seigneur, aide-moi à prendre ma place comme sentinelle sur les remparts!*

* * * * * * *

Epilogue

Drame en trois actes

Nous sommes en été 1974, soit quarante-cinq ans après les événements relatés dans ce livre. Lydia et moi observons le panorama de Jérusalem depuis le mont des Oliviers, en repérant les lieux où nous avons vécu.

"Là, c'est Abu Tor, dis-je en pointant du doigt une colline de l'autre côté de la vallée de Hinnom, au sud de la vieille ville, où tu as amené Tikva dans le sous-sol de chez mademoiselle Ratcliffe.

– Oui, répond Lydia, et à l'opposé, sur la droite, c'est Musrara, et quelque part plus loin ce doit être Mahaneh Yehuda.

– Et tout droit, en face, dis-je, se trouve la maison où nous habitions le jour où l'Etat d'Israël est né."

Nous continuons à nous remémorer pendant un moment Jérusalem et tout ce qu'elle a représenté dans nos vies. Puis Lydia, étant Lydia, commence à se lasser de méditer sur le passé.

"Mais que dire de l'avenir? dit-elle comme elle le fait souvent. Que va-t-il se passer ensuite à Jérusalem?"

Il n'y a qu'un seul endroit où trouver la réponse. Nous nous asseyons sur un mur de pierre et je sors ma Bible de poche. Pendant près de deux heures, nous en tournons les pages, nous arrêtant fréquemment pour contempler la ville étendue devant nous, nous émerveillant de la place spéciale qu'elle a tenue dans le cœur de Dieu à travers les siècles.

Finalement, Lydia se tourne vers moi avec ce regard déterminé que je connais si bien. "Derek, dit-elle, depuis des mois tu m'obliges à me creuser la cervelle pour me souvenir de toutes sortes de minuscules détails concernant des faits qui se sont passés il y a quarante-cinq ans." C'est vrai; obtenir que Lydia s'attarde très longtemps sur le passé m'a obligé à une bonne dose d'insistance. "Je continuerai à le faire, poursuit-elle, mais à une condition, celle que tu mettes aussi dans le livre ce que nous avons vu aujourd'hui concernant les quarante-cinq années qui viennent."

Donc, pour tenir ma part du marché, je le fais.

Dans la révélation que Dieu expose à l'homme, Jérusalem remplit une double fonction. Elle fournit à la fois la scène sur laquelle la vérité est représentée et le centre à partir duquel elle est propagée.

Nous pouvons imaginer cette révélation comme un drame en trois actes embrassant trois millénaires, dont Dieu lui-même est le metteur en scène. Chaque acte a son thème propre et chacun est situé à Jérusalem.

Au premier acte, nous remontons aux jours de David et de Salomon, au commencement de l'histoire de Jérusalem en tant que ville de quelque importance. Le thème de cet acte est *la félicité d'une nation unie sous le gouvernement de Dieu.* Le point culminant de la révélation est le temple de Salomon, d'une splendeur inimaginable, placé au milieu d'un peuple qui jouit d'une paix, d'un bien-être et d'une abondance sans pareils dans l'histoire humaine.

Mais le dessein de Dieu, en procurant une telle prospérité – comme dans toutes ses relations avec les Juifs –, n'était pas motivé par son amour pour eux seulement. Le témoignage de cette félicité et de sa source était destiné à se répandre à partir de Jérusalem vers toutes les nations. En faisant les préparatifs pour la construction du temple, David dit: "... La maison qui sera bâtie à l'Eternel s'élèvera à un haut degré de renommée et de gloire dans tous les pays..." (1 Chroniques 22:5) A l'apogée du règne de Salomon, ce but a été atteint. Des visiteurs royaux de tous les pays – parmi eux la reine de Saba – sont venus à Jérusalem pour s'émerveiller de la gloire du Temple, de la richesse et de la sagesse de Salomon, et de la prospérité de tout Israël.

Cependant, la gloire du règne de Salomon a été de courte durée.

A sa mort, la désobéissance et la division ont miné tout le système. La partie nord de ce royaume divisé, connue sous le nom d'*Israël*, a été déportée par l'Assyrie et dispersée parmi les nations environnantes. Plus tard, la partie sud, connue sous le nom de *Juda*, avec Jérusalem pour capitale, a été vaincue par Babylone. Jérusalem et le glorieux Temple ont été détruits et Juda emmené en exil à Babylone.

Au temps fixé, un reste de Juda est revenu pour occuper de nouveau Jérusalem et les territoires environnants. Tout au long des cinq siècles suivants, l'Etat juif, qui a été ainsi restauré, a eu à lutter dans l'ombre de divers empires païens, le dernier étant Rome. Et la scène est en place pour le deuxième acte...

Le thème de l'acte deux est *la réconciliation entre Dieu et l'homme, entre l'amour de Dieu et la justice de Dieu.* Parlant comme un père à ses enfants qui se sont détournés de lui, l'Amour divin appelle: "Revenez!" Mais, parlant comme un juge, la Justice divine déclare: "Vous êtes coupables, vous n'êtes pas en état de vous présenter devant moi."

Sur la colline de Golgotha, juste en dehors des remparts de Jérusalem, la réconciliation a été réalisée. Les exigences de la Justice ont été satisfaites une fois pour toutes par la mort expiatoire du propre fils de Dieu qui n'a commis aucun péché, en accomplissement de la prophétie d'Esaïe:

> "Nous étions tous errants comme des brebis, chacun suivait sa propre voie, et l'Eternel a fait retomber sur lui l'iniquité de nous tous" (Esaïe 53:6).

Alors, l'Amour a été en mesure de faire l'offre d'un pardon complet et définitif exprimé aussi par Esaïe:

> "... Si vos péchés sont comme le cramoisi, ils deviendront blancs comme la neige; s'ils sont rouges comme la pourpre, ils deviendront comme la laine" (Esaïe 1:18).

Une fois de plus, Jérusalem devait être le centre à partir duquel le témoignage de la vérité divine – cette fois la réconciliation –

devait se répandre. Parlant à ses disciples après sa résurrection, Jésus a expliqué que sa mort avait accompli les prophéties de l'Ecriture et ouvert la voie pour que le message de pardon et de paix soit proclamé à toutes les nations:

> "Ainsi il est écrit que le Christ souffrirait, qu'il ressusciterait des morts le troisième jour, et que la repentance et le pardon des péchés seraient prêchés en son nom à toutes les nations à commencer par Jérusalem" (Luc 24:46-47).

Il a aussi promis d'équiper ses disciples de la puissance surnaturelle du Saint-Esprit pour que leur témoignage soit efficace:

> "Mais vous recevrez une puissance, celle du Saint-Esprit survenant sur vous, et vous serez mes témoins à Jérusalem, dans toute la Judée, dans la Samarie et jusqu'aux extrémités de la terre" (Actes 1:8).

Depuis son centre à Jérusalem, le message de la réconciliation devait se propager comme un cercle allant toujours en s'agrandissant à la Judée, à la Samarie et finalement jusqu'aux extrémités de la terre. Pendant dix-neuf siècles, cela a été l'effort essentiel des disciples de Jésus.

Vers la fin du dix-neuvième siècle, Dieu a commencé à préparer le décor pour le troisième acte. Le thème est, cette fois, *le gouvernement des nations*. Le dénouement est affirmé par David: "Car à l'Eternel appartient le règne, il domine sur les nations" (Psaume 22:29). Le Dieu d'Israël a déclaré que son autorité s'étend sur toutes les nations.

En outre, il a désigné un roi de son propre choix dont il a dit: "Et moi, je ferai de lui le premier-né, le plus élevé des rois de la terre" (Psaume 89:28). Face à l'opposition du monde et de son rejet, il a déclaré: "C'est moi qui ai oint mon roi sur Sion, ma montagne sainte" (Psaume 2:6). Aux dirigeants de la terre, il a donné un solennel avertissement, celui qu'il exige leur soumission à ce roi qu'il a choisi:

> "Et maintenant, rois, conduisez-vous avec sagesse! Juges de la terre, recevez instruction! [...] Rendez hommage au fils de peur qu'il ne s'irrite et que vous ne périssiez dans votre voie, car sa colère est prompte à s'enflammer..." (Psaume 2:10, 12)

A la fin de l'acte trois, Dieu aura prouvé son autorité et établi son roi et son royaume sur la terre entière.

Le décor a été dressé pour l'acte trois par une intervention décisive de Dieu dans l'histoire, celle du rassemblement des Juifs dans leur propre pays. Le 14 mai 1948, après un demi-siècle de luttes, l'Etat d'Israël moderne est né. Les innombrables prophéties de l'Ecriture concernant la fin de l'âge présent supposent toutes une chose, sans exception, qui est la présence d'Israël en tant que nation dans son propre pays. Tant qu'Israël n'était donc pas restaurée en tant que nation, aucune de ces prophéties ne pouvait se réaliser. Maintenant, la voie est ouverte pour l'accomplissement de toutes.

Parmi toutes ces visions prophétiques de la fin des temps, une des plus complètes se trouve dans les trois derniers chapitres de Zacharie, de 12 à 14. Nous allons, par conséquent, utiliser ces trois chapitres comme cadre de référence pour tracer, phase après phase, les grandes lignes des principaux événements qui doivent encore se passer à Jérusalem (nous trouvons entre parenthèses le chapitre et le verset de Zacharie se rapportant à chaque événement).

Dans le verset d'introduction (12:1), le Seigneur donne trois arguments montrant qu'il est capable à la fois de prédire et de contrôler avec une précision parfaite les événements qui vont suivre. C'est lui qui "a étendu les cieux", qui "a fondé la terre" et qui "a formé l'esprit de l'homme au-dedans de lui". Du plus haut des cieux jusque dans les profondeurs de la terre, le Seigneur a toute autorité sur l'univers matériel. De plus, il connaît et contrôle "l'esprit de l'homme, les attitudes, les motifs et les desseins de chaque être humain sur la terre dans ce qu'ils ont de plus intime". C'est pourquoi ses prédictions sont infaillibles.

En considérant Jérusalem comme le décor planté pour l'acte trois du drame divin, divisons la vision prophétique qui suit en neuf "scènes" successives, chacune représentant une phase de la vision qui se déroule. Certaines d'entre elles peuvent se chevaucher partiellement; d'autres être séparées par un intervalle considérable.

Scène 1: La réaction arabe

> "Voici, je ferai de Jérusalem une coupe d'étourdissement pour tous les peuples d'alentour, et quand le siège sera contre Jérusalem, il sera aussi contre Juda" (12:2, NAS).

Voici le premier résultat immédiat de la création de l'Etat d'Israël: une violente réaction de "tous les peuples alentour" qui déclenche le siège à la fois contre Jérusalem et Juda (le peuple juif). Qui sont les peuples situés autour de l'Etat d'Israël? Le Liban, la Syrie, l'Irak, la Jordanie, l'Arabie et l'Egypte.

C'est clair, cette première phase de la prophétie a été accomplie. Aussitôt que l'Etat d'Israël est né, toutes ces nations lui ont immédiatement déclaré la guerre et fait tous leurs efforts pour le faire disparaître. Pendant deux mois, la Jérusalem juive a été assiégée et près d'être forcée à capituler à cause de la famine. La destinée de tout Juda (le peuple juif en Israël) était suspendue à ce siège. Si la Jérusalem juive était tombée, l'Etat d'Israël n'aurait jamais survécu.

Scène 2: La pierre pesante

> "En ce jour-là, je ferai de Jérusalem une pierre pesante pour tous les peuples; tous ceux qui la soulèveront seront gravement blessés" (12:3, NAS).

La portée de la prophétie s'étend. Maintenant, il est question de *tous les peuples*, pas seulement de tous ceux qui environnent l'Etat d'Israël. Tous les peuples de la terre vont se trouver impliqués dans le problème de Jérusalem, cependant aucun ne sera capable de le résoudre.

Dans une certaine mesure, cela s'est aussi déjà produit. En 1947 et 1948, la Grande-Bretagne a essayé de soulever la pierre mais a été "gravement blessée". Comme il est significatif de pouvoir faire remonter le démembrement de l'Empire britannique à ce moment précis de l'histoire! Quand la Grande-Bretagne a déposé la pierre, le comte Bernadotte de Suède a cherché à intervenir comme médiateur; mais il a été assassiné. La pierre a alors été remise entre les mains des Nations Unies (qui représentent "tous les peuples") et est devenue la question qui n'admet aucun compromis, la plus épineuse de la politique internationale.

Dieu a lancé un avertissement à toute nation, à tout gouvernement, à tout homme politique qui chercherait à imposer une solution purement humaine à Jérusalem. Tous ceux qui essaieront seront "gravement blessés".

Scène 3: Toutes les nations contre Jérusalem

"Et toutes les nations de la terre s'assembleront contre elle [Jérusalem]" (12:3).

Au moment où nous écrivons ce livre, cela ne s'est pas encore produit; mais la possibilité pour que cela arrive bientôt n'est nullement éloignée. En réalité, avec la crise internationale du pétrole, nous pouvons concevoir une raison vraisemblable par un tel rassemblement mondial, une crise inimaginable à l'époque de Zacharie et en fait jusqu'à l'invention du moteur à combustion interne en ce siècle.

En 1947, quand les Nations Unies ont voté pour la première fois en vue de la création de l'Etat d'Israël, elles ont aussi adopté une résolution plaçant la ville de Jérusalem sous contrôle international. Cette résolution n'est jamais entrée dans les faits, mais elle n'a pas non plus été abrogée. Supposez que les Nations Unis remettent cette résolution à l'ordre du jour, puis exigent qu'Israël leur cède, en tant qu'autorité internationale, le contrôle de Jérusalem. Et supposez qu'Israël refuse de s'exécuter. Que va-t-il se passer? Si les Nations Unies devaient, devant la résistance d'Israël, rassembler une armée internationale pour imposer leur décision, le résultat serait exactement ce que Zacharie a prédit.

Naturellement, cela n'est que l'une des nombreuses hypothèses selon lesquelles cette attaque finale mondiale contre Jérusalem pourrait survenir. Les revirements et les imbrications de la politique internationale sont si embrouillés que seule la sagesse infinie de Dieu lui-même peut prévoir, avec une certitude absolue, le tour que les événements prendront. Mais à ce point du déroulement de la pièce est tapi dans les coulisses, attendant l'heure de sa réplique pour entrer en scène, le personnage sinistre d'un faux messie. Zacharie l'appelle "le mauvais berger" (11:17, NAS). Les auteurs du Nouveau Testament l'appellent "l'homme sans loi... le fils de destruction" (2 Thessaloniciens 2:3), "l'antéchrist" (1 Jean 2:22), "la bête" (Apocalypse 13:1-4) (ce dernier mot désigne expressément une bête sauvage, féroce).

Il est également difficile de prédire le rôle précis que cet antéchrist jouera à cette étape du drame. Ce sera un homme d'une intelligence et d'un charisme personnels uniques; il s'élèvera lors d'événements étranges et dramatiques à une position de domination dans la politique mondiale. Par sa capacité inquiétante à manipuler hommes et nations, il négociera une sorte de traité avec Israël (voir Daniel 9:27), qui leur permettra de bâtir un temple national à Jérusalem. Il acquerra ainsi une popularité irrésistible aux yeux de millions de Juifs. En fait, ce sera suffisant pour en convaincre beaucoup de le reconnaître comme leur messie, bien que cette identification n'ait aucune base scripturaire.

Avant que l'alliance avec Israël n'arrive à son terme, la tromperie perfide de cet antéchrist sera mise à nu. Violant la parole donnée à Israël, il exigera que ce soit lui-même qui prenne place dans le Temple et y soit adoré comme Dieu (voir 2 Thessaloniciens 2:3-4; Apocalypse 13:4, 8). Tout juif sincère rejettera totalement cette exigence blasphématoire. Pour se venger, l'antéchrist se tournera contre la nation juive tout entière avec une férocité qui justifiera pleinement le qualificatif de "bête sauvage", et il utilisera son influence mondiale pour fomenter une guerre contre l'Etat d'Israël, et la persécution contre les juifs dans toutes les nations.

Sans essayer de démêler toutes les subtilités et les tromperies de la diplomatie de l'antéchrist, nous passons à son dénouement qui, comme nous l'avons déjà vu, est clairement annoncé: "Toutes les nations de la terre s'assembleront contre Jérusalem."

Les défenseurs de Jérusalem seront finalement amenés au bord d'un désastre total: "... la ville sera prise, les maisons seront pillées et les femmes violées, la moitié de la ville ira en captivité..." (14:2) En fait, Israël va se trouver confronté à un désastre épouvantable à travers tout le pays. Les deux tiers des Juifs du pays seront tués. Mais le tiers restant, épargné par la miséricorde divine, en sortira pour reconnaître le Seigneur comme son Sauveur et son libérateur (13:8-9).

Cette catastrophe marquera l'apogée de la période appelée par Jérémie un "temps d'angoisse pour Jacob" (Jérémie 30:7). L'ange Gabriel parle à Daniel de cette période: "... Ce sera une époque de détresse, telle qu'il n'y en a point eu depuis que les nations existent jusqu'à cette époque..." (Daniel 12:1)

Cependant, tant Jérémie que Daniel promettent à Israël une délivrance ultime. Jérémie dit: "... mais il [Jacob] en sera délivré" (Jérémie 30:7). Gabriel dit à Daniel: "... En ce temps-là, ceux de ton peuple qui seront trouvés inscrits dans le livre seront sauvés" (Daniel 12:1). Ceux qui sont "inscrits dans le livre" sont ceux qui sont connus d'avance et prédestinés par Dieu; ils correspondent au tiers restant de Zacharie.

Scène 4: Dieu intervient

"L'Eternel paraîtra, et il combattra ces nations, comme il combat au jour de la bataille" (14:3).

Alors quelque chose va se produire qui est presque inconcevable pour l'homme moderne sophistiqué. Quand Israël aura perdu tout espoir de survivre en tant que nation, Dieu lui-même interviendra. Le but de son intervention sera double, c'est-à-dire amener le jugement sur les nations qui attaquent Jérusalem et montrer sa miséricorde envers Israël (12:9-10; 14:3).

Cette intervention de Dieu contre l'armée qui assiège Jérusalem ne sera pas "militaire" au sens propre. Ce sera une plaie surnaturelle affectant à la fois les esprits et les corps des assaillants. A la fin, ceux-ci se retourneront les uns contre les autres dans une confusion totale et causeront leur propre destruction (12:4; 14:12-15).

Dans le même temps, le Seigneur touchera aussi, de façon surnaturelle, par son Saint-Esprit, les cœurs en Israël, se révélant à eux comme celui qu'ils ont rejeté et crucifié: "Alors je répandrai sur la maison de David et sur les habitants de Jérusalem un esprit de grâce et de supplication et ils tourneront les regards vers moi, celui qu'ils ont percé. Ils pleureront sur lui comme on pleure sur un fils unique. Ils pleureront amèrement sur lui comme on pleure sur un premier-né" (12:10).

En conséquence, tous ceux qui auront survécu en Israël passeront par un temps de deuil profond et de repentance tel que la nation n'en aura encore jamais connu (12:12-14).

Scène 5: Le roi paraît

> "Ses pieds se poseront en ce jour sur la montagne des Oliviers, qui est vis-à-vis de Jérusalem, du côté de l'Orient [...] et l'Eternel, mon Dieu, viendra, et tous ses saints avec lui" (14:4-5).

Apparemment, jusqu'ici, l'intervention du Seigneur – tant contre les nations assaillantes qu'en faveur d'Israël – s'accomplira par une puissance spirituelle. Mais à un moment, jamais révélé exactement, l'événement le plus spectaculaire de toute l'histoire se produira. Accompagné par des armées innombrables composées à la fois d'anges et de croyants ressuscités, Jésus lui-même descendra du ciel et ses pieds se poseront sur le mont des Oliviers.

Dieu accomplira ainsi la promesse faite par les anges aux disciples, au moment où Jésus est monté au ciel: "Ce même

Jésus, qui a été enlevé au ciel du milieu de vous, viendra de la même manière que vous l'avez vu allant au ciel" (Actes 1:11). Il est monté dans une nuée, il descendra dans une nuée. Il est parti du mont des Oliviers, il retournera sur le mont des Oliviers.

Scène 6: Tremblement de terre et bouleversement

> "La montagne des Oliviers se fendra par le milieu d'est en ouest et il se formera une très grande vallée, de sorte qu'une moitié de la montagne reculera vers le nord et l'autre moitié vers le sud" (14:4, NAS).

La descente du Seigneur sur le mont des Oliviers entraînera de formidables changements géologiques dans toute la région. Un tremblement de terre fendra le mont des Oliviers en deux, séparant la partie nord (le mont Scopus) de la partie sud (le mont des Oliviers proprement dit). L'ensemble de Jérusalem sera soulevé et aplani, devenant la plus haute montagne de la région (14:10). Cela s'accorde avec la prophétie donnée à la fois dans Esaïe et dans Michée:

> "Dans les derniers jours, la montagne de la maison de l'Eternel sera établie comme principale montagne et sera élevée au-dessus des collines" (Esaïe 2:2 et également Michée 4:1).

Des changements météorologiques se produiront également, qui feront, du jour où ces événements se passeront, un jour qui ne ressemblera à aucun autre jour de l'histoire de la terre: "Et il arrivera en ce jour-là qu'il n'y aura pas de lumière; les luminaires s'affaibliront. Ce sera un jour unique connu de l'Eternel et qui ne sera ni jour ni nuit. Mais au temps du soir, il y aura de la lumière" (14:6-7, NAS).

Tout au long des siècles de son histoire, les réserves en eau de Jérusalem n'ont jamais été suffisantes. Mais à la suite de ces bouleversements géologiques, Jérusalem deviendra pour la première fois une source d'eau. Des fontaines artésiennes y jailliront et formeront des rivières coulant vers l'est et vers l'ouest (14:8). Vers l'est, une rivière passera dans la vallée formée par le tremblement de terre au mont des Oliviers; elle descendra à travers le désert de Judée jusqu'à la mer Morte. Cette rivière apportera la vie et la fertilité partout où elle coulera. Elle est décrite en détail dans Ezéchiel 47:1-12.

Scène 7: Dans la maison de mes amis

Après sa descente en personne sur la terre, le Seigneur va entrer en communion intime avec les survivants en Israël. Il se fera connaître à eux dans la pleine réalité de son humanité, comme leur berger qui a donné sa vie pour ses brebis (13:7). Contemplant avec un effroi mêlé d'émerveillement les marques de sa crucifixion, ils demanderont:

> "D'où viennent ces blessures que tu as aux mains? Il répondra: C'est dans la maison de mes amis que je les ai reçues" (13:6, KJV).

Il y a une grâce particulière dans le mot hébreu qui est ici traduit par "mes amis". Il ne signifie pas "ceux que j'aime", mais "ceux qui m'aiment". Après deux millénaires d'éloignement et de rejet, le Seigneur assure à son peuple qu'il voit l'amour de leur cœur pour lui.

Scène 8: Purification et renouveau

> "En ce jour-là, une source sera ouverte pour la maison de David et les habitants de Jérusalem, pour le péché et l'impureté" (13:1).

En plus des transformations géologiques, il y aura une période de purification et de renouveau spirituels pour le pays et pour son peuple. Toutes les formes d'idolâtrie et de tromperie religieuses seront bannies. Après cela, quiconque cherchera à pratiquer de telles choses sera mis à mort (13:2-5).

Jérusalem émergera de ce processus d'épuration vraiment comme "la ville sainte" – pas simplement de nom, mais dans la réalité. L'ancienne distinction entre *sacré* et *profane* – ou entre *kasher* et *non kasher* – n'aura plus cours dans Jérusalem. Chaque chose dans la ville sera *kasher*, peu importe qu'elle serve à des tâches humbles ou banales. Comme dans Zacharie 14:20-21:

> "En ce jour-là, il sera écrit sur les clochettes des chevaux: Sainteté à l'Eternel! Et les chaudières de la maison de l'Eternel seront comme les coupes devant l'autel. Toute chaudière à Jérusalem et dans Juda sera consacrée à l'Eternel des armées [...] Et il n'y aura plus de marchands dans la maison de l'Eternel des armées, en ce jour-là."

Personne n'aura plus la permission d'exploiter le service de la maison de Dieu pour un profit personnel.

Scène finale: Un roi sur toute la terre

> "L'Eternel sera roi de toute la terre; en ce jour-là, l'Eternel sera le seul Eternel, et son nom sera le seul nom" (14:9).

Le modèle originel de Dieu, celui d'un gouvernement théocratique, s'étendra à toutes les nations. Christ régnera comme roi sur toute la terre à partir de Jérusalem, son siège terrestre. Suivant le modèle de Melchisédek – le roi prêtre qui régna sur Jérusalem à l'époque d'Abraham (Genèse 14:18-20) –, Christ réunira dans sa personne les deux fonctions sacrées de roi et de prêtre.

En tant que roi, Christ sera aussi le juge suprême. Un de ses premiers actes sera de convoquer toutes les nations devant lui pour le jugement:

> "Lorsque le Fils de l'homme viendra dans sa gloire, avec tous les anges, il s'assiéra sur le trône de sa gloire. Toutes les nations seront assemblées devant lui. Il séparera les unes d'avec les autres, comme le berger sépare les brebis

d'avec les boucs; et il mettra les brebis à sa droite, et les boucs à sa gauche" (Matthieu 25:31-33).

Il y aura un principe clair pour séparer les nations "brebis" des nations "boucs", et c'est la façon dont elles auront traité les Juifs pendant la période de persécution sous l'antéchrist.

Aux *brebis*, celles qui auront montré de la miséricorde envers les Juifs à cette période, Christ dira:

> "Venez, vous qui êtes bénis de mon Père; prenez possession du royaume qui vous a été préparé dès la fondation du monde [...] Je vous le dis en vérité, toutes les fois que vous avez fait ces choses à l'un de ces plus petits de mes frères, c'est à moi que vous les avez faites" (Matthieu 25:34-40).

Aux *boucs*, ceux qui auront refusé de manifester de la miséricorde envers les Juifs, Christ dira:

> "Retirez-vous de moi, maudits; allez dans le feu éternel qui a été préparé pour le diable et pour ses anges [...] Je vous le dis en vérité, toutes les fois que vous n'avez pas fait ces choses à l'un de ces plus petits, c'est à moi que vous ne les avez pas faites" (Matthieu 25:41-45).

Les nations *brebis* recevront alors la permission de prendre leur place dans le royaume de Christ; les nations *boucs* en seront bannies.

Le royaume de Christ ainsi établi dépassera de loin en excellence celui de Salomon tant dans la grandeur de sa gloire que dans l'étendue de ses bénédictions. Comme le grand drame en trois actes touche à sa fin, nous voyons toutes les nations laissées sur la terre venir régulièrement à Jérusalem pour avoir part aux bénédictions du Royaume et se joindre à Israël pour la célébration de la fête des tabernacles (14:16-21).

Ce que ces prophéties signifient pour nous aujourd'hui
Concernant les prophéties de l'Ancien Testament sur le retour du Seigneur, l'apôtre Pierre écrit aux premiers chrétiens:

> "Et nous tenons pour d'autant plus certaine la parole prophétique, à laquelle vous faites bien de prêter attention, comme à une lampe qui brille dans un lieu obscur, jusqu'à ce que le jour vienne à paraître et que l'étoile du matin se lève dans vos cœurs" (2 Pierre 1:19).

Pour l'incroyant, le monde qui nous entoure s'assombrit. En multipliant pressions et problèmes, les dirigeants du monde tâtonnent en vain pour trouver des solutions durables. Pour les croyants, cependant, la lumière de la révélation prophétique, telle une lampe, brille d'un éclat plus vif par contraste avec l'obscurité environnante.

Pierre compare l'effet de ces prophéties au lever de "l'étoile du matin" dans nos cœurs. Il tire sa métaphore des mouvements de la planète Vénus. A certaines saisons, "l'étoile du matin" se lève à l'est immédiatement avant que le soleil lui-même n'apparaisse au-dessus de l'horizon. Par moments, cette "étoile" est si brillante qu'elle dissipe partiellement l'obscurité environnante. Elle devient ainsi le signe avant-coureur du soleil, communiquant la certitude – à tous ceux qui comprennent son message – que le soleil est prêt à apparaître.

Ainsi en est-il de nous quand nous examinons avec soin la vérité prophétique. Comme l'étoile du matin se levant dans nos cœurs et dissipant l'obscurité environnante, il nous arrive une assurance intérieure inébranlable, celle que *le Seigneur va bientôt apparaître.*

Une telle foi n'est pas une fuite mystique de la réalité. Au contraire, elle est fondée sur une expérience qui a fait ses preuves. On estime qu'au moins plus de la moitié des prophéties de l'Ecriture concernant Israël et Jérusalem ont été accomplies exactement et complètement, souvent en défiant tous les calculs de probabilité des hommes. Seul un préjugé contraire à la raison écarterait, sans examen sérieux, la thèse que les prophéties restantes seront accomplies de la même façon.

L'édition de 1911 de l'*Encyclopédia Britannica* contient un article d'un professeur allemand, nommé Nöldeke, sur la prononciation de l'hébreu. Au cours de son exposé, il élimine absolument "la possibilité qu'un Etat juif puisse jamais être de nouveau instauré dans le Moyen-Orient". En moins de cinquante ans, naturellement, la chose même que le savant professeur avait rejetée comme une invraisemblance absurde était un fait accompli dans l'histoire.

Le commentaire divin là-dessus est donné par Esaïe:

> "Je [l'Eternel] fais reculer les sages, et je tourne leur science en folie. Je confirme la parole de mon serviteur, et j'accomplis ce que prédisent mes envoyés; je dis de Jérusalem: elle sera habitée, et des villes de Juda: elles seront rebâties; et je relèverai leurs ruines"
> (Esaïe 44:25-26).

De même, le psalmiste David dit:

> "L'Eternel renverse les desseins des nations, il anéantit les projets des peuples; les desseins de l'Eternel subsistent à toujours, et les projets de son cœur, de génération en génération" (Psaume 33:10-11).

Face à toute incrédulité et toute opposition, les plans du Seigneur pour la restauration d'Israël et de Jérusalem s'accompliront – *phase après phase* – exactement comme il l'a révélé par ses prophètes.

* * * * * * *

Cessez de vous trouver des excuses et faîtes en sorte que votre désir d'étudier la parole de Dieu devienne une réalité !

Cours biblique par correspondance: 'Les fondations chrétiennes' par Derek Prince

La plupart des chrétiens ont un désir sincère d'une meilleure connaissance de la Bible. Ils savent qu'une étude suivie et approfondie de la parole de Dieu est indispensable pour mûrir et vivre une vie chrétienne efficace. Malheureusement, la plupart manquent aussi de discipline, de direction et de motivation pour réussir une telle étude. Par conséquent, ils passent à coté des nombreux avantages obtenus par la connaissance et l'application de la Parole. Afin de fournir une direction et une discipline systématique dans l'étude de la Bible, Derek Prince a développé le cours par correspondance 'Les fondations chrétiennes'. Cette étude par correspondance vous permet de travailler à votre propre rythme, tout en offrant l'avantage d'un contact direct avec un coordinateur biblique qui peut vous fournir une direction ou de l'aide. Le cours est conçu autour de techniques d'enseignements établies et efficaces et est méthodique, avec des fondements bibliques et pratiques. Si vous souhaitez obtenir une brochure gratuite vous donnant plus d'informations sur le cours et comment vous inscrire (Europe, DOM/TOM et Amérique du Nord seulement), merci de contacter:

Derek Prince Ministries France, B.P 31, 34210 Olonzac
Tel 04 68 91 38 72, fax 04 68 91 38 63
Email: info@derekprince.fr

Vous pouvez devenir membre de notre Association

"Derek Prince Ministries France"

☑ pour une cotisation de 24 € par an.

Vous recevrez:

☞ sur demande, une réduction de 5 % sur tous vos achats, en mentionnant votre numéro de carte,

☞ en plus des lettres d'enseignement, des articles de *Derek Prince* quatre fois par an, gratuitement,

☞ la lettre de nouvelles de "Derek Prince Ministries France",

☞ en avant première, vous serez tenu au courant de toutes les nouvelles parutions.

En plus, vous soutiendrez notre œuvre missionnaire dans les pays francophones en dehors de l'Europe!

Pour toute information:

DEREK PRINCE MINISTRIES FRANCE
Route d'Oupia, B.P.31, 34210 Olonzac FRANCE
tél. (33) 04 68 91 38 72 fax (33) 04 68 91 38 63
E-mail info@derekprince.fr * www.derekrpince.fr